DEUTSCHE SCHULE
WASHINGTON D.C.
GRUNDSCHULE
8617 CHATEAU DRIVE
POTOMAC, MD 20854
TEL. (301) 767-3841

Thomas Brezina

NEUE HEISSE SPUREN

Ratekrimis, Knickerbocker-Detektiv-Tricks und das Knickerbocker-Super-Abenteuer

Mit Illustrationen
von Atelier Bauch-Kiesel, Hannes Bauch,
Ulrich Reindl und Elisabeth Brabetz

Ravensburger Buchverlag

FÄLLE

TIPPS

In den Kästchen kannst du ankreuzen, welche Fälle du schon gelöst hast.

	Die Knickerbocker-Bande	10
☐	Wer knattert so spät?	16
☐	Spuk im Studio	20
☐	Knickerbocker-Tricks: Geheimbotschaften	24
☐	Ein Krampus geht k. o.	27
☐	Knickerbocker-Tricks: Geheimschriften entschlüsseln	32
☐	Mini-Krimi: Der Igel mit den Eisenstacheln	34
☐	Knickerbocker-Tricks: Geheimbotschaften übergeben	36
☐	Suchbild: Die Bucht der Piraten	37
☐	Das Schmugglerschiff	37
☐	Der Piratenkapitän	40
☐	Der Schatz-Papagei	40
☐	Der blinde Passagier	41
☐	Der Ausreißer	41
☐	Die halbe Münze	42
☐	Die Totenkopfpfeife	42
☐	Der Schrumpfkopfsammler	42

- ☐ Eine Schlange macht sich auf die Beine — 43
- ☐ Die grüne Hand — 47
- ☐ Schulfall Axel: Der goldene Bär — 52
- ☐ Knickerbocker-Tricks: Ablenken und Verblüffen — 55
- ☐ Mini-Krimi: Wo ist Bubi-Bert? — 57
- ☐ Pizza mit Zahnpasta — 60
- ☐ Knickerbocker-Tricks: Personenkartei — 64
- ☐ Mini-Krimi: Fettaugen im Waldsee — 66
- ☐ Knickerbocker-Tricks: Holzwürmer lügen nicht — 68
- ☐ Maxi-Krimi: Die Katze mir der Glatze — 70
- ☐ Socken in der Suppe — 83
- ☐ Knickerbocker-Tricks: Der Detektiv-Bleistift — 87
- ☐ Das Monster im Moor — 88
- ☐ Wer knallt im Wald? — 93
- ☐ Knickerbocker-Tricks: Geheimzeichen — 97
- ☐ Der Sensationssessel — 100
- ☐ Axels Krimi-Tagebuch: Die Knallkröte — 102

FÄLLE

TIPPS

- ☐ Schließfach Nummer 1313 — 105
- ☐ Knickerbocker-Tricks: Klopfsprache — 110
- ☐ Schulfall Dominik: Die Stachelschwein-Folter — 112
- ☐ Pferdehof in Gefahr — 117
- ☐ Mini-Krimi: Das Alibi im Tagebuch — 122
- ☐ Die Hunde fressende Pflanze — 126
- ☐ Der schöne Kicker und die Ganoven — 131
- ☐ Der Geisterhund — 135
- ☐ Knickerbocker-Tricks: Der Geheimzeichen-Bleistift — 140
- ☐ Die Schwarze Möwe — 142
- ☐ Knickerbocker-Tricks: So tarnst du dich — 146
- ☐ Wirbel um Sturmwind — 148
- ☐ Die Horror-Hornisse — 152
- ☐ Ganz grün im Gesicht — 157

- ☐ Der Giftgeier 160
- ☐ Der Fall Fallstrick 171
- ☐ Knickerbocker-Tricks: Das Geheimbuch 176
- ☐ Knickerbocker-Tricks: Alarmpfeife 177
- ☐ Dicke Luft bei den Orgelpfeifen 178
- ☐ Horror im Hallenbad 180
- ☐ Der Frosch im Tresor 187
- ☐ Der Bund des Bösen 190
- ☐ Knickerbocker-Trick: Marmeladetest 195
- ☐ Maxi-Krimi: Der Fluch des Pharaos 196
- ☐ Der Rosenkiller 206
- ☐ Dieb an Bord 209
- ☐ Knack den Tresor 1 213
- ☐ Poppis Krimi-Tagebuch: Das leere Grab 214
- ☐ Schmuggelt Sandy? 218
- ☐ Knack den Tresor 2 223
- ☐ Unglaubliche Briefe 224
- ☐ Wo ist Bertram Notnagel? 229
- ☐ Knack den Tresor 3 233

FÄLLE

TIPPS

- **Schulfall Dominik:**
  Anton, der Angeber   234
- Die Schönheitskatze   236
- Unternehmen Wüstenwurm   239
- Bernhardiner mit Führerschein   244
- Die Bikini-Party   248
- Ein Fußball wird entführt   252
- Es tanzen die Vampire   255
- **Maxi-Krimi:**
  Das versunkene Flugzeug   262
- Der Ameisen-Stampfer   268
- **Mini-Krimi:**
  Flucht in den Nebel   271
- Die Glocke des Grauens   274
- Tennisterror   281
- **Trainingsfall von Dominik:**
  Wahr oder erfunden?   284
- **Knickerbocker-Trick:**
  Alarmanlagen   286

- Heiße Klamotten 287
- Knickerbocker-Trick:
  Die Dosen-Alarmanlage 289
- Schulfall Axel:
  Rache ist Nagellack 291
- Gefangen in der Wassergruft 294
- Wenn der Werwolf heult 296
- Der Clown mit der Kanone 300

  Auflösungen 304

& TRICKS

Die Knickerbocker-Bande

NAME: Axel Klingmeier
SPITZNAME: Früher Schrumpfkopf und Gnomi
ALTER: fast 14 Jahre
STERNZEICHEN: Steinbock
COOL FINDE ICH: Sport
TOTAL UNCOOL: Langweiler, Oberlehrer, Wichtigtuer
LIEBLINGSSPEISE: Alles
BESONDERE KENNZEICHEN: Bin früher oft verspottet worden, weil ich klein bin. Heute traut sich das keiner mehr. Habe trainiert und bin der beste Sportler geworden.

NAME: Lieselotte (Lilo) Schroll
SPITZNAME: Superhirn
ALTER: fast 14 Jahre
STERNZEICHEN: Krebs
COOL FINDE ICH: Skifahren, Rafting, Krimis, starke Ideen und Mut
TOTAL UNCOOL: Feiglinge; Leute, die nicht lachen können, Trauerklöße
LIEBLINGSSPEISE: Chinesisches Essen (ich kann sogar mit Stäbchen essen)
BESONDERE KENNZEICHEN: Habe zwei blonde Zöpfe, auf die ich besonders stolz bin.

NAME: Paula Monowitsch
SPITZNAME: Poppi
(Paula finde ich einen Horrornamen)
ALTER: fast 10 Jahre
STERNZEICHEN: Fische
COOL FINDE ICH: Meine Tiere, Tierschutz-Organisationen, Poster
TOTAL UNCOOL: Tierquäler; Leute, die behaupten, nie Angst zu haben
LIEBLINGSSPEISE: Fruchtsalat und Melonen, aber kein Fleisch
BESONDERE KENNZEICHEN: Ich besitze einen Minizoo.

NAME: Dominik Kascha
SPITZNAME: (verrate ich nicht)
ALTER: fast 11 Jahre
STERNZEICHEN: Waage
COOL FINDE ICH: Lesen, Rätsel, Leute mit Durchblick und gutem Gedächtnis
TOTAL UNCOOL: Quatschköpfe, erhobene Zeigefinger, strenge Erwachsene
LIEBLINGSSPEISE: Spaghetti
BESONDERE KENNZEICHEN: Meine Eltern sind Schauspieler, und auch ich stehe bereits auf der Bühne und vor der Filmkamera.

Der Name Knickerbocker-Bande entstand ...

◊ als Axel, Lilo, Poppi und Dominik von Lord Conrad of Knickerbocker ausgezeichnet wurden, weil sie seinen entlaufenen Mops gefunden hatten,
◊ **als Axel einen Weltrekord aufstellte und in 22 Knickerbocker-Hosen in nur 30 Sekunden Löcher gebissen hat,**
◊ als Poppis Papagei zum ersten Mal ein Wort von sich gab und es sich nach „Knickerbocker" anhörte,
◊ **als die vier den Zeichenwettbewerb einer Lederhosenfirma gewannen und einander bei der Preisverleihung kennen lernten,**
◊ als Dominik der jüngste Student an der Knickerbocker-Universität wurde,
◊ **als Lieselotte das Rätsel der jodelnden Knickerbocker-Hosen gelöst hat,**
◊ als Axel, Lilo, Poppi und Dominik sieben entsprungene Knickerbocker-Hosen wieder eingefangen haben,
◊ **als der Song „Knickerbocker Kiss" in der Hitparade auf Platz 1 landete.**

Richtige Erklärung bitte ankreuzen. Die Lösung steht auf Seite 311.

HALLO!

SUPER-WICHTIG!
Möchtest du Mitglied der Knickerbocker-Bande werden?

Du bist auf dem besten Weg dazu! In diesem Buch findest du viele Knickerbocker-Abenteuer, die du selbst lösen kannst! Lass deine Gehirnzellen rotieren und komm den Tätern auf die Spur! Wenn du es nicht gleich schaffst, denk an das Knickerbocker-Motto:

Ein echter Knickerbocker lässt niemals locker!

Hier noch wichtige Tipps, bevor du dich auf heiße Spuren begibst:

- Die Lösungen der Fälle findest du ab Seite 301.
- Die Fälle sind unterschiedlich schwierig:

🔑 = Fall zum Grübelzellen-Aufwärmen

🔑🔑 = Schmalspur-Schnüffler-Fall

🔑🔑🔑 = Hobby-Detektiv-Fall

🔑🔑🔑🔑 = Meister-Detektiv-Fall

🔑🔑🔑🔑🔑 = Super-Knickerbocker-Fall

- Jeder von uns Knickerbocker-Freunden geht in eine andere Klasse und hat auch dort schon einige Rätsel gelöst. Fälle aus der Schule erkennst du an diesem Stempel:

- Mini-Krimis kannst du schnell lösen, wenn du wenig Zeit hast.

- Maxi-Krimis bringen dir spannende Abenteuer und viel Ratespaß.

- Außerdem erfährst du in diesem Buch Knickerbocker-Tricks!

🌀 Falls du Fragen hast, dann schreib uns:

Knickerbocker-Bande
Postfach 177
A — 1238 Wien
www.knickerbocker-bande.de

Und jetzt auf ins Abenteuer! Viele heiße Spuren wünschen dir

Dominik   Poppi
Lilo   Axel

Wer knattert so spät?

Die Knickerbocker-Bande hatte sich bei Axel versammelt. Die vier Junior-Detektive wollten zusammen mit Axels Vater eine Radtour unternehmen, doch der Start verzögerte sich noch. Schuld daran waren vor allem die Fahrräder, besser gesagt: ein Fahrradschloss. Axel hatte nämlich die vier superflotten Mountainbikes der Knickerbocker-Bande mit einer schweren Stahlkette mit Nummernschloss an einen Laternenpfahl vor dem Haus gebunden. Dummerweise war ihm dann aber die Zahlenkombination nicht mehr eingefallen. Um die Räder wieder zu befreien, gab es jetzt nur zwei Möglichkeiten: Entweder man sägte den Laternenpfahl um oder die vier Tüftler probierten alle Zahlenkombinationen zwischen 0000 und 9999 aus.

Sie hatten sich für Letzteres entschieden und drehten seit zwei Tagen ununterbrochen am Schloss, doch mit wenig Erfolg. Am Morgen des dritten Tages machten sie sich wieder an die Arbeit.

„Kinderlein", meldete sich da eine Stimme hinter ihnen. Sie gehörte Amalia Runzelrock, die im Erdgeschoss wohnte und schon über 90 Jahre alt war. „Bitte, Kinderlein, seid so lieb und bringt mir eine Packung Oropax aus der Apotheke. Vielleicht … vielleicht helfen die", schluchzte sie.

In Axels Kopf läutete eine Alarmglocke. Frau Runzelrock war zwar alt, aber nicht von vorgestern. Er mochte sie, weil sie fast immer fröhlich und gut aufgelegt war. Da stimmte etwas nicht.

Der Junge sauste los und besorgte die Ohrenstöpsel. Gemeinsam mit seinen Knickerbocker-Kumpels überreichte er sie dann der alten Dame. Zum Dank lud sie Frau Amalia auf ein Glas Milch ein. Während die Junior-Detektive den weißen Kraftsaft schlürften, klagte ihnen Frau Runzelrock ihr Leid.

„Seit drei Tagen werde ich von einem Motorrad-Terroristen heimgesucht. Der miese Kerl kommt jeden Tag um vier Uhr in der Früh und lässt den Motor genau vor meinem Fenster laut knattern. Ich bekomme jedes Mal schreckliches Herzklopfen."

Zur großen Überraschung der Bande hatte die alte Dame auch einen Verdacht, wer der Knatterknabe sein könnte. „Ich glaube, es ist einer meiner beiden Urenkel. Die beiden wollen ständig Geld von mir. Aber weil ich einen neuen Fernseher angeschafft habe, kann ich ihnen nichts geben. Die zwei waren beim letzten Besuch sehr unwirsch und erbost."

Die Knickerbocker-Freunde ließen sich die Adressen der feinen Früchtchen geben und besuchten sie.

Urenkel Nummer eins hörte auf den Namen Stanislaus. Er war um ungefähr zwei Jahre älter als Lieselotte und gehörte zur Kategorie der schleimigen Schönlinge.

Stanilaus war gerade dabei, seine Schmachtlocken mit

dem Föhn in Form zu bringen, als ihn die Junior-Detektive zu Hause überraschten.

„Zischt ab, hier ist kein Kindergarten!", schrie er und wollte ihnen die Tür vor der Nase zuknallen.

Axel schob seinen Cowboystiefel zwischen Tür und Rahmen und fauchte den Angeber an: „Gestehe! Bist du der Krachmacher, der deiner Uroma das Leben schwer macht? Ich rate dir, sag die Wahrheit, sonst föhnen wir dir eine Stoppelglatze!"

„Neee!", wimmerte Stanislaus. „Ich hab doch nicht einmal ein Mofa!"

Dann kam Urenkel Nummer zwei an die Reihe. Er hört auf den Namen Ladislaus und war einer der „Kann-keiner-Fliege-ein-Bein-krümmen"-Typen, die es faustdick hinter den Ohren haben.

„Ich würde Uroma nie erschrecken wollen! Sie ist doch eine so liebe und freundliche alte Dame", beteuerte er mit lammfrommem Blick. Dominik spielte auf gerührt und zückte das Taschentuch. „Jetzt muss ich aber weiter", verkündete Ladislaus.

„Wohin?", forschte Lieselotte.

„In die Fahrschule. Ich mache gerade den Motorrad-Führerschein."

Noch am selben Nachmittag hat die Krachlaus von der Knickerbocker-Bande einen Brief erhalten:

> **ENTWEDER DU LÄSST DEN KRACH ODER ES WIRD JEMAND ANZEIGE WEGEN RUHESTÖRUNG ERSTATTEN!**

Von diesem Tag an konnte Frau Runzelrock wieder in Ruhe schlafen.

KRIMI-FRAGE:
Wer war die Krachlaus?

Spuk im Studio

„Mann, das ist unser Typ!", jodelte eine tiefe Stimme vor der Bäckerei „Brezel & Brüder". Die Stimme gehörte einem menschlichen Wesen, das anscheinend in Haarwuchsmittel gebadet hatte. Sein Kopf bestand fast nur aus zotteligen, schwarzen Haarsträhnen, durch die sich die Nase und die Augen nur mühsam einen Weg bahnen konnten.

Mister „Urvieh" stürzte sich nun auf Dominik und wirbelte ihn wie einen Kreisel herum. „Mensch, dich such ich schon seit Wochen. Du spielst die Hauptrolle, kapiert? Kannst dir dein Taschengeld gründlich aufbessern. Morgen um 15 Uhr im Studio Flimmerfloh. Mich kennt man übrigens als Ferri Federweiß. Das ist natürlich nur mein Künstlername. Bin der Regisseur des Streifens. Adios Amigo!"

Nach diesem Wasserfall an Worten drückte Herr Federweiß Dominik ein Kärtchen in die Hand und raste in einem gelben Sportwagen davon.

„Na, dein Glück möchte ich haben", knurrte Axel. „Du gehst in die Bäckerei, um deinen Vorrat an Schaumrollen aufzufrischen. Und wenn du herauskommst, bist du ein Filmstar."

Dominik machte eine abfällige Handbewegung. „Halb so wild. Ich habe schon in mehreren Filmen mitgewirkt. Das bin ich gewohnt!"

„Angeber!", zischte Lieselotte.

Am nächsten Tag begleiteten Poppi, Axel und Lilo ihren Knickerbocker-Kumpel natürlich in das Filmstudio. Sie waren schon sehr gespannt, welche Rolle er diesmal spielen sollte. Als die drei Freunde es kurze Zeit später erfuhren, wurden sie von einem Lachkrampf geschüttelt. Dominik fand es weniger lustig.

Er sollte nämlich einen pickeligen Jungen in einem Werbespot spielen und musste folgende Worte in die Kamera flöten:

Mir kam kein Mädchen je zu nah,
wenn es meine Pickel sah.
Doch mit dem neuen Pickel-Killer,
werd ich schön wie ein Gorilla!

Das Lachen der Knickerbocker-Freunde wurde allerdings schon bald von gruseligen Gänsehautschauern abgelöst. Das große Zittern begann bei der Kostümbildnerin. Sie stopfte Dominik in einen bunten Pullover und in grüne Jeans. Doch als der Junge in die Hosenbeine fuhr, schrie er vor Schmerz auf. Eine lange, dicke Nadel hatte sich in seine Fußsohle gebohrt.

„Ent... entschuldige", murmelte die Frau, „ich weiß wirklich nicht, wie die in die Hose kommt."

Dominik sah sie wütend an und schwieg.

Bei der Maskenbildnerin wurden ihm anschließend Pickel aus Kautschuk auf das Gesicht geklebt und mit rosa Puder überschminkt. Damit der Werbestar wie eine Speckschwarte glänzte, wollte ihm die Schminktopftante noch eine fettige Soße auf das Gesicht pinseln. Zur Probe tupfte sie sich ein bisschen davon auf die Hand und verzog gleich darauf das Gesicht. Das Zeug war ätzend wie Natronlauge. Wie war die nur in den Schminkkoffer gekommen?

Doch das war nicht alles. Als sich Dominik im Studio auf ein Stück Kunstrasen setzte, krachte plötzlich ein Scheinwerfer von der Decke. Er landete drei Millimeter neben seinen Zehenspitzen.

„He! Beim Beleuchter ist wohl eine Birne durchgebrannt!", kreischte Federweiß. „Schraub die Dinger besser an und erschlage nicht meine Stars. Aber jetzt dalli, dalli, häng 'ne neue 1000er auf!"

Der Lichtmeister zuckte mit den Schultern. „1000-Ampere-Lampen haben wir keine mehr", wisperte er entschuldigend.

„Dann 'ne stärkere", befahl der Regisseur. In diesem Moment knallte es unter Dominiks Hosenboden. Gleich darauf brannte der Plastikrasen. Irgendjemand hatte ihn mit einem Feuer-Zaubertrick angezündet. „I…i…ich kann mir das nicht erklären", bibberte Tommi Trickkiste, der für die Spezialeffekte zuständig war. „Ich hab gar keinen Feuerfunken mit. Den muss jemand anderer hingelegt haben!"

Freddi Federweiß' schwarze Zottel-Haarpracht stand zu Berge. „Unser Auftraggeber hat mir etwas erzählt, das alle Vorfälle erklären kann. Eine andere Firma hat ebenfalls ein neues Pickelmittel erfunden", erläuterte er. „Deshalb soll die Werbekampagne für den Pickel-Killer so schnell wie möglich beginnen. Dazu wird aber der Film benötigt."

„Sie meinen, die andere Firma versucht den Werbefilm zu stören?", kombinierte Lilo.

Der Regisseur nickte.

„Das tut sie nicht mehr lange", knurrte Axel. „Ich weiß, wer hier falsch spielt und sich nur zum Stören eingeschlichen hat."

Der Kerl wurde sofort entlarvt. Die Dreharbeiten konnten endlich beginnen und Dominiks Karriere als pickelfreier Gorilla war nicht mehr zu bremsen.

KRIMI-FRAGE:
Wer war der Störenfried?

Geheimbotschaften

Hier einige neue Tricks, wie du deine Briefe und Botschaften für andere unlesbar machen kannst.

Nur wer die Tricks kennt, wird die Texte entschlüsseln und verstehen können!

Der Anfangsbuchstaben-Brief

Was möchtest du deinem Detektiv-Kollegen mitteilen? Wie lautet die Botschaft?

Zum Beispiel:

> BRING DEINEN HUND MIT.

Schreibe nun einen Brief. Der Trick ist: Die Anfangsbuchstaben der einzelnen Wörter ergeben hintereinander gelesen deine Botschaft. (In Wirklichkeit werden sie natürlich nicht markiert!!!)

Der Brief könnte zum Beispiel so aussehen:

> Bertram rollt irgendwas nieder. Gerald darf einen
> Igel neben einem Nasenbären halten.
> Udo nimmt dafür meinen Igel Theo.

Kein normaler Brief ...

Was denkst du dir, wenn du diesen Brief bekommst?

> Liebe Monika! 23. <u>4.</u> 1992
> Dieses hektische Leben bringt nichts.
> Ich werde euren Ratschlag befolgen.
> Ein Hund muss ins Haus. Mit langen Ohren.
> Du, wir werden viel Futter brauchen.
> Ich muss für ihn eine Menge einkaufen.
> Liebe Grüße!

Hast du die Botschaft erkannt?

Der Schlüssel ist die unterstrichene Vier im Datum! Das bedeutet: Lies nur jedes vierte Wort. Die Anrede ‚Liebe Monika' und die Verabschiedung zählen aber nicht!!!

Nun heißt die Botschaft: Bringt euren Hund mit. Wir brauchen ihn.

Du kannst natürlich auch eine Drei unterstreichen. Oder eine Sieben, eine Sechs, eine Fünf, wie du willst.

Zickzack

> L S U O I H A S E A G N
> A S D N C T U D N U E

Was denkst du dir, wenn du diese Nachricht erhältst?
   Zum Entziffern musst du nur im Zickzack lesen. Beginne beim L und gehe zum A. Dann wieder hinauf zum S und hinunter zum nächsten S. Wieder hinauf und so weiter …

> L S U O I H A S E A G N
> \/\/\/\/\/\/\/\/\/\/\/
> A S D N C T U D N U E

Die Botschaft lautet: Lass Udo nicht aus den Augen.
   Du kannst sie noch mehr verschlüsseln. Bilde Fantasiewörter aus den Buchstaben. Zum Beispiel:

LSU OI HASE AGN, ASDN CTU DNU E

Das Komma bedeutet: Achtung, zweite Zeile. Schreibe die zweite Zeile unter die erste und lass nach jedem Buchstaben einen Zwischenraum. Schon kannst du im Zickzack lesen.

Ein Krampus geht k.o.

Angst lag über dem kleinen Dorf Kaltenbach. Es war der Abend des 5. Dezember, und kaum brach die Dunkelheit herein, machte keiner mehr einen Schritt ins Freie.

Die Knickerbocker-Bande, die das Wochenende mit Lilos Eltern in Kaltenbach verbrachte, wunderte sich.

„Was ist denn hier los?", fragte Lieselotte.

Oberförster Walzer, der mit Lilos Vater gerade einige Schnäpse kippte, erklärte es den vier Freunden: „Heute und morgen sind die Höllenbarteln unterwegs. Die Krampusse. Die schlagkräftigsten und rauflustigsten Burschen aus dem Dorf lassen sich diese Tage nie entgehen. Im zotteligen Fell und mit einer roten Maske ziehen sie durch das Dorf, und wehe dem, der ihnen in die Hände läuft! Blaue Flecken sind das Mindeste, was er davonträgt. Manchmal prügeln sie die Leute krankenhausreif. Die Polizei ist völlig machtlos. Unter den Teufelsmasken kommen nämlich immer nur schwarze Gesichter zum Vorschein. Die Burschen reiben sich mit Ruß ein, damit sie bestimmt niemand erkennt."

„Das klingt nach einem Fall für uns", meinte Lieselotte unerschrocken. Axel, Poppi und Dominik blickten sie entsetzt an. „Willst du … willst du … vielleicht hinausgehen und diesen schlagwütigen Wahnsinnigen in die Zottelpranken laufen?", fragte Dominik zweifelnd.

„Ich will den Typen eine Abreibung verpassen", verkündete Lilo. „Kommt mit und kriegt nicht das große Schlottern. Wir schaffen das schon. Echte Knickerbocker lassen nämlich niemals locker!"

Bereits eine halbe Stunde später stapften vier vermummte Gestalten durch die verschneiten Gassen.

Plötzlich ertönte ein lauter Schrei, der von einem dumpfen Poltern erstickt wurde. Hatten die brutalen Höllenkerle zugeschlagen?

Die Knickerbocker rannten um die Ecke und stolperten in einen riesigen Schneehaufen. Alle vier landeten auf dem Bauch im Schnee.

„Aua!", stöhnte Dominik. „Der Schnee sticht!" Er fuhr mit der Hand unter sich und zog mit einem Ruck ein unförmiges Ding heraus. Im Schein der Taschenlampe konnten es die Junior-Detektive erkennen. Es war eine Teufelsmaske.

Axel zuckte zusammen und begann plötzlich wie wild zu graben.

„Hat dich die Grabwut gepackt?", erkundigte sich Poppi grinsend.

„Das war eine Dachlawine ... da liegt jemand drunter. Wir müssen ihn befreien, sonst erstickt er", rief der Junge.

Sein Verdacht bestätigte sich sofort. Unter dem Schneeberg war ein Mensch verschüttet. Einer der Krampusse, der auch ohne Maske zum Fürchten aussah. Mit einem Schrei sprang ein durchnässter Bursche aus dem Schnee und brüllte: „Diesen Gummignom mit der roten Pudelmütze, der mir die Dachlawine auf den Schädel geschaufelt hat, zerquetsch ich zu Quark!"

Das glaubten die Knickerbocker dem tiefgekühlten Brutalo-Typ aufs Wort. Als er wutschnaubend in der Dunkelheit verschwunden war, machten sie sich auf die Suche nach dem „Gummignom". Sie mussten ihn unbedingt vor dem Kinderzerquetscher finden. Aber wie?

Dominiks rinnende Nase kam ihnen zu Hilfe. Er hatte wieder einmal kein Taschentuch eingesteckt und schaute deshalb grübelnd den Tropfen nach, die von seiner Nasenspitze zu Boden fielen. Und was erblickte er da? Kleine Schuhabdrücke im frisch gefallenen Schnee.

Die Spur führte direkt in einen alten Heustadel am Rande des Dorfes.

Im Schein einer Kerze hockten dort vier Jungen und erzählten sich kichernd Schauergeschichten. Als die Knickerbocker-Freunde die Scheune betraten, fuhren die vier Dorfjungen in die Höhe.

Sie zitterten wie Espenlaub!

„Wir tun euch nichts", versicherte ihnen Lilo. „Aber ihr müsst uns verraten, wer vorhin dem Krampus die verdiente kalte Abreibung verpasst hat!"

Eisernes Schweigen. Die vier glaubten der Bande kein Wort.

„Dieser Flegel sucht einen von euch, der eine rote Mütze mit Quaste hat. Wer ist das?"

„D... d... das ist keiner von uns", stotterte ein Blondschopf. „Wir sitzen schon seit einer Stunde da. Das ist nämlich unser Klubhaus, und wir sind die Karate-Kids!

Wir kommen hierher, zünden eine Kerze an und bleiben so lange, bis sie abgebrannt ist."

„Hör zu", sagte Lilo, „ich weiß, dass einer von euch die Dachlawine ausgelöst hat. Uns könnt ihr nicht täuschen. Wir sind nämlich die Knickerbocker-Bande!"

„Echt?" Einer der Jungen sprang begeistert auf. „Ich habe euch schon einmal im Fernsehen gesehen. Na klar! Ihr seid Spitze! Ich war es übrigens!"

„Deine Aktion war super!", lobte ihn das Superhirn. „Diesen brutalen Kerlen muss man es einmal zeigen! Allerdings fürchte ich, dass sie sich jetzt versammeln und alle herkommen werden. Die Spuren im Schnee übersehen sie bestimmt nicht. Aber vielleicht ist das sogar gut!"

Die Knickerbocker und die Karate-Kids steckten die Köpfe zusammen und berieten sich.

Kurze Zeit später verließen Axel, Lilo, Poppi und Dominik den Stadl und gingen hinter einem Schneewall in Deckung.

Sie mussten nicht lange warten, bis die Krampusse kamen. Grölend und schreiend stürzten sie in die Scheune. Die Karate-Kids kreischten entsetzt auf und tobten durch den Raum. Kaum waren alle Burschen in Zottelkostümen im Stadl, schlug Lilo von außen das Tor zu und verriegelte es.

Die Krampusse waren für ein paar Sekunden völlig verdutzt. Diese Zeit nützten die Karate-Kids und schlüpften durch ihren Geheimgang unter den Strohballen ins Freie. Danach brachten sie den Gang zum Einstürzen, und die Krampusse saßen in der Falle.

„Ein bisschen Abkühlung wird euch gut tun", rief ihnen Lilo zu. Lachend verschwanden die „Fallensteller" in der Dunkelheit.

Angeblich dauerte es über fünf Stunden, bis sich die Krampusse befreit hatten. Die meisten hatten dann nur noch Sehnsucht nach einem heißen Bad. Die Lust auf Schlägereien war ihnen vergangen!

Krimifrage:
Woran hat Lilo gemerkt,
dass die Karate-Kids nicht die Wahrheit gesagt haben?

Geheimschriften entschlüsseln

Wie lange brauchst du, um diese Geheimbotschaften zu entziffern?

BRIEF 1:

DRO EPR WGNUS EB CTTE DN ER TSOT AEM SBO AHE WRE

BRIEF 2:

Am Nachmittag trifft Onkel Niki seinen Partner in einem Laden.
Triff Fritz am Landesplatz. Sein Chorgesang hat viel eingebracht.
Rate Fräulein Ottilie Landesmann Gurken einzukaufen.
Ich habe nämlich Anna meine Nüsse anvertraut. China hat meine Ideen tatsächlich! Traurig aber gesund.

BRIEF 3:

Hallo Gustav! 11.5.1998
Wie geht es dir? Ich bin wohlauf und gesund. Kenne keine Sorgen und bin nun wirklich froh und glücklich. Den Grund dafür weißt du. Dieb ist mein Bruder keiner. Es besteht kein Zweifel. Dafür ist er der Vater von Willis Tante. Ich habe meinem Bruder das nie zugetraut!
   Dein Dominik!

Wie schnell hast du die drei Briefe entziffert?

In drei Minuten:
Mega-Spitzenklasse

In fünf Minuten:
Super

In sieben Minuten:
Gut

In weniger als zehn Minuten:
Du solltest trainieren!

Über zehn Minuten:
Geheimbotschaften-Training dringend nötig!

Der Igel mit den Eisenstacheln

mini KRIMI

Eine Katze schrie laut und schmerzerfüllt auf. Poppi sprang aus dem Bett und sauste zum Fenster. Sie riss es auf und wich entsetzt zurück.

In dem breiten Blumenkasten auf dem Fenstersims lag ihr roter Kater Blitz und streckte ihr wehleidig die blutende Pfote entgegen. Vorsichtig hob die Tierfreundin das verletzte Tier hoch, nahm es auf den Arm und trug es zu ihrer Mutter ins Schlafzimmer.

Poppis Mama hatte früher einmal bei einem Tierarzt gearbeitet und konnte sofort erste Hilfe leisten. Die Wunde an der Pfote des Tieres blutete, war aber nicht allzu schlimm. Es handelte sich nur um einen Kratzer.

„Ich glaube, jemand hat etwas nach ihm geworfen. Blitz hat vor meinem Fenster Katzenmusik gemacht und die Katze seiner Träume angemaunzt", berichtete Poppi. „Aber das ist doch kein Grund, ihm wehzutun."

Am nächsten Morgen ging es dem Kater schon bedeutend besser. Er aß sogar ein wenig.

Poppi und ihre Knickerbocker-Freunde machten sich nun auf die Suche nach dem Katzenjäger. Er musste sich im Nachbarhaus befinden, auf das Poppi von ihrem Fenster aus blicken konnte.

In einem Tulpenbeet direkt unter Poppis Fenster entdeckten die Junior-Detektive einen Briefbeschwerer. Er war aus Gusseisen, ungefähr ein Kilogramm schwer, hatte die Form eines Igels und besaß zahlreiche spitze Stacheln.

Bei genauerer Betrachtung bemerkten sie zwei dunkle Flecken an der Unterseite des Igels. Dominik befeuchtete sie und bekam blaue Finger.

„Zum Glück ist Blitz von diesem Igelmonster nur gestreift worden", seufzte Poppi. „Sonst hätte die Sache schlimm ausgehen können. Aber welcher brutale Mensch wirft dieses Unding nach einer Katze?"

Um das herauszufinden, besuchten die Knickerbocker die drei Mieter des Nachbarhauses.

Natascha Nörgel: Eine rotgesichtige, mürrische Frau, die zu trinken schien. Auf jeden Fall schwebten aus ihrer Wohnung Alkohol-Duftschwaden.

Maria Tintelli: Sie ist Grafikerin und öffnete erst, als Poppi zum vierten Mal läutete. Sie hatte nämlich dicke Wattebüschel in den Ohren und kam durch Zufall aus der Wohnung. Sie war auf dem Weg in die Papierhandlung, weil ihr die Tusche ausgegangen war.

Kurt Pfistel: Ein hektischer junger Mann, der eine große Waffensammlung besitzt, die er stolz vorzeigte. Er war den Knickerbocker-Freunden eher unsympathisch.

KRIMI-FRAGE:
Wer hat den Eisenigel geworfen?

Geheimbotschaften übergeben

Niemand darf euch beobachten, wenn ihr eine Geheimbotschaft übergebt.

Der Trick von uns funktioniert folgendermaßen: Wir vier besuchen dieselbe Bücherei. Dort verstecken wir unsere Geheimbotschaften in dem Lexikon, in dem alle Wörter mit K stehen (K wie Knickerbocker).

Ein Lexikon borgt keiner aus. Die Leute schlagen darin nur nach. Entdeckt jemand den verschlüsselten Brief, wird er ohnehin nicht schlau daraus.

Wir Knickerbocker blättern auf jeden Fall bei jedem Besuch in der Bücherei zuerst im Lexikon. Das ist total unauffällig! Keiner bemerkt, wenn wir uns auf diese Art Nachrichten zukommen lassen.

Spezialtrick von Axel:
Wenn ich eine Botschaft nur an Lilo schicken will, lege ich sie in das Lexikon mit dem Buchstaben L! Für Poppi in den Band mit dem P. Für Dominik in den Band mit dem D.

Die anderen tun das Gleiche für mich.

Jeder von uns schaut nicht nur im Band mit K, sondern auch im Band mit „seinem" Buchstaben nach!

Suchbild:

Die Bucht der Piraten

In der Bucht der Piraten tauchen jeden Tag neue Schiffe auf. Seeräuber, Matrosen, Kapitäne, Schatztruhen oder geschmuggelte Ware, alles gibt es hier. Siehe Seite 38 und 39.

Das Schmugglerschiff
Die „Löchrige Luise" hat angeblich Bananen an Bord.

KRIMI-FRAGE:
Was befindet sich tatsächlich in den Kisten?

FALKE
SEEHEXE
KNEIPE
HAIZAHN
HOTEL
BANANEN
BANANEN
BANANEN
BANANEN
PULVERFASS
LÖCHRIGE
LUISE

39

Mach dich an die Arbeit und löse die folgenden Knickerbocker-Scharfblick-Fälle!

Der Piratenkapitän
Käpten Blondbart trägt immer 33 Diamanten bei sich.

GESUCHT!
Käpten Blondbart
Besondere Kennzeichen
- hat eine Vollglatze
- trägt keine Augenklappe
- hat heute einen schwarzen Bart

KRIMI-FRAGE:
Wo hat er sie versteckt?

Der Schatz-Papagei
„Mensch Meier" heißt der Papagei von Käpten Hakenhand. Dieser Papagei ist eine lebendige Schatzkarte. Er weiß, wo Käpten Hakenhand seinen Schatz vergraben hat. Deshalb versuchen viele Piraten den Papagei zu entführen, damit er das Geheimnis ausplaudert.

GESUCHT!
Papagei Mensch Meier
Besondere Kennzeichen
- hat einen zweifarbigen Schnabel
- hat eine Art Schopf auf dem Kopf
- hat weiße Flügel

KRIMI-FRAGE:
Wo hat sich der Papagei „Mensch Meier" versteckt?

Der blinde Passagier
Der entflohene Sträfling Gunther Gittermann hat sich an Bord eines Schiffes geschlichen und versteckt sich dort.

KRIMI-FRAGE:
Wo ist Gunther Gittermann?

Der Ausreißer
Marco ist von zu Hause ausgerissen, weil er Seefahrer werden will.

KRIMI-FRAGE:
Auf welchem Schiff befindet sich Marco?

Die halbe Münze
In der Bucht der Piraten befinden sich der Sohn und die Tochter von Käpten Hakenhand. Sie kennen sich nicht, da sie als Babys getrennt wurden. Beide besitzen eine Kette mit der Hälfte einer Münze.

KRIMI-FRAGE:
Wo ist der Bruder?
Wo ist die Schwester?

Die Totenkopfpfeife
Steuermann Rudi Radmann besitzt eine Pfeife, die wie ein Totenkopf aussieht.

KRIMI-FRAGE:
Wo hat er sie her?

Der Schrumpfkopfsammler
Bootsmann Henry sammelt Schrumpfköpfe. Wieder hat ihm ein Matrose welche mitgebracht.

KRIMI-FRAGE:
Wo treffen sich die beiden zur Übergabe?

Eine Schlange macht sich auf die Beine

Gleich und Gleich gesellt sich gern, sagt schon ein altes Sprichwort. Und deshalb üben die Elefanten und die Nilpferde des Zoos eine unwiderstehliche Anziehungskraft auf die Knickerbocker-Bande aus.

Vielleicht fragst du dich jetzt, was diese Tiere mit den vier Junior-Detektiven gemeinsam haben?

Die Antwort lautet: die großen Köpfe.

Aber Spaß beiseite. Da Poppi Tiere über alles gern hat, überredet sie ihre Knickerbocker-Kumpels oft dazu, einen Ausflug in den Zoo zu machen.

Es war an einem Samstag, als die Freunde durch das neu eröffnete Schlangenhaus schlenderten und ihre Nasen an den dicken Glasscheiben platt drückten.

„In diesem Terrarium liegt ein Python", verkündete Dominik, der die Tafel neben dem Glaskäfig gelesen hatte.

Die Knickerbocker blickten hinein und starrten in ein schreckensbleiches Gesicht. Entsetzt zuckten sie zurück. Was war das? Seit wann hatte ein Python das Gesicht eines Menschen? Oder hatte die Schlange gerade die Pflegerin verschlungen?

Im nächsten Moment klärte sich einiges auf. Im Terrarium des Python hockte eine junge Frau in einem grünen Overall und blickte verzweifelt nach draußen. „Rosi ist ausgerissen", hauchte sie fassungslos, aber laut genug, dass es die vier Junior-Detektive hören konnten.

Das klang ganz nach einem Fall für die Knickerbocker-Bande. Also stapften die vier durch die Tür mit dem Schild „Eintritt verboten" zu der Pflegerin. Händeringend stand sie im Terrarium.

Die Knickerbocker stellten sich vor und erfuhren, dass sie es mit der Tierpflegerin Ursula Schlängeli zu tun hatten.

„Rosi, die Riesenschlange, muss irgendwie ausgebrochen sein", stöhnte Frau Schlängeli.

„Ich fress einen Besen, wenn der Python selbst ausgerissen ist", brummte Axel. „Dann hätte er nämlich das Schloss des Abdeckungsgitters aufsperren müssen."

Die Pflegerin unterbrach das Händeringen und warf wirre Blicke auf das besagte Schloss.

„Hugos Freund", knurrte sie dann. „Das feine Früchtchen. Der ist ohnehin schon lange um den Python herumgeschwänzelt."

Die Bande bat Frau Schlängeli um Aufklärung und nähere Details.

„Hugo war früher hier Pfleger. Weil er fauler als jedes Faultier war, wurde er gefeuert. Heute Mittag ist aber plötzlich ein blond gelocktes Bürschchen mit Engelsgesicht aufgetaucht. Es wollte Hugo sprechen und hat sich nicht abwimmeln lassen. Ist die ganze Zeit hier herumgestreunt und hat die Schlangen angestarrt."

Die Knickerbocker konnten zwar keinen Zusammenhang erkennen, wollten Hugo aber trotzdem auf den Zahn fühlen. Deshalb ließen sie sich von Frau Schlängeli die Adresse des ehemaligen Pflegers geben und statteten ihm einen Besuch ab.

„So ein Python ist ein Vermögen wert", erzählte Poppi unterwegs den anderen. „Und es gibt verrückte Leute, die diese Schlangen als Haustiere halten wollen. Allerdings sind Pythons nirgendwo zu bekommen. Vielleicht hat Hugo das Tier stehlen lassen und verkauft. Damit kann er eine hübsche Stange Geld verdienen."

Als die Bande die Schlaumüller-Straße erreichte, in der Hugo wohnte, entdeckten sie genau vor seinem Haus einen Blondschopf. Er hatte einen Sack über die Schulter geworfen, der sehr schwer zu sein schien. Die Junior-Detektive rannten los und kreisten das blonde Engelsgesicht ein.

Lilo nahm ihm den Sack aus der Hand und warf einen Blick hinein. Rosi lag tatsächlich drinnen!

„Keine Ahnung, wie sie da hineingekommen ist", stammelte der Blondkopf.

„Stell hier keinen Weltrekord in blöden Ausreden auf", warnte ihn Axel. „Du wirst uns sofort verraten, wie du heißt und für wen du diesen Wahnsinn gemacht hast!"

Der Blonde schwieg eisern. „Fertig machen, Freunde, zur Kitzel-Attacke!", schrie Lilo. Und schon krabbelten acht Hände unter die diebischen Arme. Das Engelsgesicht erstickte fast vor Lachen und merkte nicht, wie die Knickerbocker dabei seine Hosen- und Jackentaschen nach Ausweisen absuchten.

„Nichts!" Dominik trat den Rückzug an. „Nur ein paar Münzen, ein Päckchen Kaugummi, ein alter Totoschein, ein Taschenmesser, zwei Schlüssel, drei verrostete Schrauben und ein Kugelschreiber."

„Das reicht völlig", meinte Lieselotte zufrieden. „Ich weiß jetzt, wie sich der Kerl schimpft und welche Wohnung er verstinkt. Wahrscheinlich wird ihn der Tiergarten anzeigen."

Daraufhin packte den Blondschopf die Panik. Er brachte gemeinsam mit den Junior-Detektiven die Schlange zurück und entschuldigte sich bei Frau Schlängeli. Wie sie richtig vermutet hatte, war Hugo sein Auftraggeber gewesen. Um nicht angezeigt zu werden, mussten beide eine Woche lang Schlangenkäfige putzen.

KRIMI-FRAGE:
Woher wusste Lilo plötzlich Namen und Adresse?

Die Grüne Hand

Die vier Knickerbocker-Freunde waren eine Woche lang zu Besuch bei Poppis Tante Ludmilla Gräfin von Lindenstein auf Schloss Lindenstein. Sie langweilten sich entsetzlich. Es gab hier einfach nichts zu erleben. Allerdings traf das nur für die ersten drei Tage zu.

Am vierten Tag geschah es dann. Die Knickerbocker-Bande lag flach. Axel, Lilo, Poppi und Dominik lagen auf dem Bauch und starrten durch ein kleines Loch im Holzboden in die darunter liegende Küche. Sie befanden sich auf dem Dachboden des Schlosses, auf dem seit wenigen Minuten das Prasseln des Regens auf den Dachschindeln laut zu hören war.

„Gleich kommt die Köchin und stellt den Suppentopf auf den Tisch", erklärte Poppi den anderen. „Sie stellt ihn immer an dieselbe Stelle, genau unter dieses Loch. Dann geht sie ins Nebenzimmer, bindet sich dort ihre Schürze um und erst dann trägt sie die Suppe in das Esszimmer zur Gräfin."

„Und, was hast du vor?", fragte Lieselotte.

Poppi grinste. „Ich lasse Gipspulver in die Suppe rieseln. Dann wird sie hart und es gibt eine Überraschung für die Köchin. Das ist die Rache dafür, dass sie gestern

Schnecken gekocht hat. Sie hat die armen Tiere bei lebendigem Leib in kochendes Wasser geworfen!" Poppi war jetzt noch wütend.

Die Köchin kam mit dem dampfenden Suppentopf und stellte ihn ab. Das Klicken der Tür verriet, dass sie nach nebenan gegangen war. Poppi griff gerade zur Gipstüte, als Axel plötzlich zischte: „Achtung ... seht mal!"

Die vier Junior-Detektive schafften es tatsächlich, gleichzeitig durch das kleine Loch nach unten zu spähen. Sie beobachteten eine dunkel gekleidete Gestalt, die eine breite Kapuze über den Kopf gezogen hatte. Eine Hand, die in einem grünen Handschuh steckte, holte ein Glasröhrchen unter dem Mantel hervor und schüttete weißes Pulver in die Suppe. Danach ergriff die „Grüne Hand" den Schöpflöffel und verrührte das Pulver.

Lautlos huschte die Gestalt aus dem Raum.

Lilo sprang auf und hetzte die knarrende Holztreppe nach unten. Sie rannte in die Küche und blieb erschrocken stehen. Der Suppentopf war nicht mehr da. Die Köchin musste mit ihm bereits unterwegs zum Esszimmer sein.

„Gift!" Dieses Wort hämmerte und dröhnte in ihrem Kopf. Die geheimnisvolle Gestalt hatte wahrscheinlich Gift in die Suppe geschüttet.

„Elendes Mistvieh!", hörte sie die Köchin schimpfen. Lieselotte hastete in die Halle des gräflichen Schlosses. Die Köchin hatte die Suppe dort kurz abgestellt. Hasso, der dicke Bernhardiner, hatte sich sofort darauf gestürzt und den Topf halb leer geschlabbert.

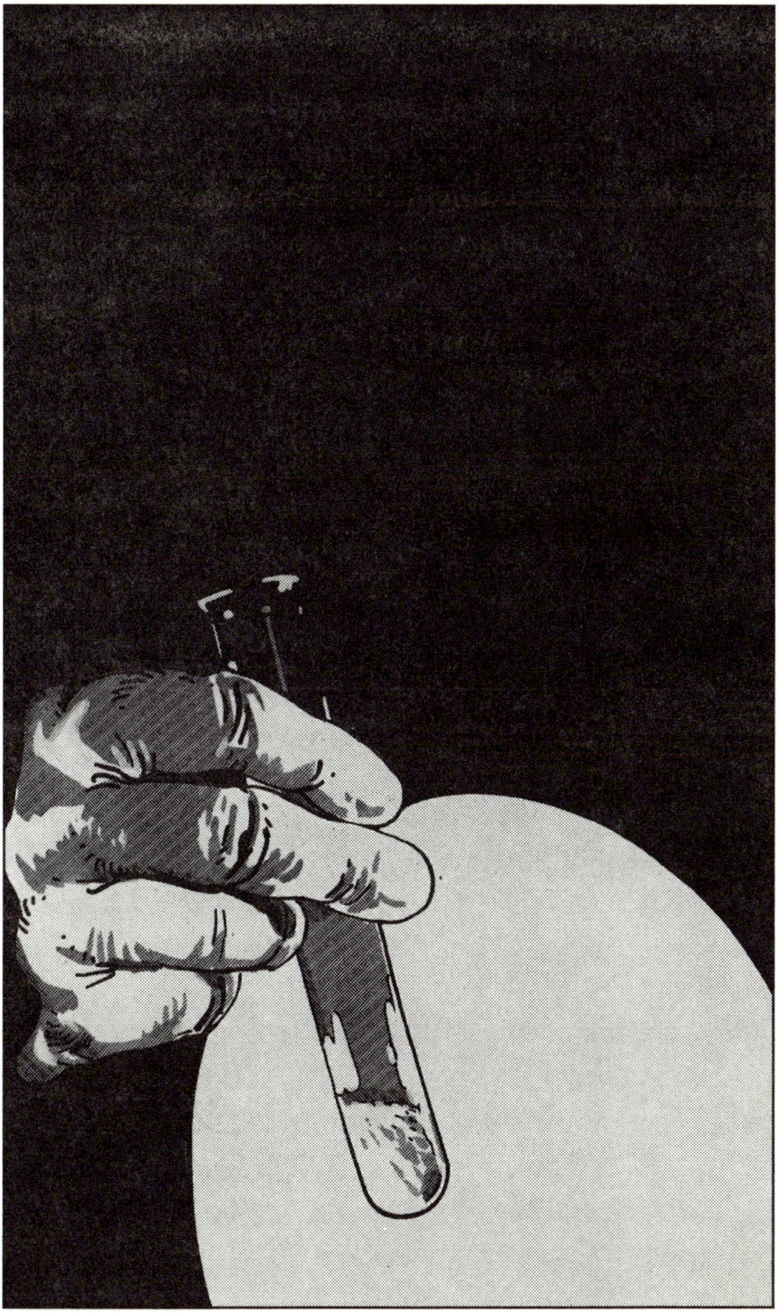

Lilo starrte ihn mit großen Augen an. Nun würde sich zeigen, ob tatsächlich Gift in der Suppe war. Während die Köchin noch heftig schimpfte, begann Hasso zu torkeln. Winselnd ließ er sich zu Boden fallen und robbte über die Fliesen zum Ausgang.

„Einen Tierarzt, schnell!", rief Lieselotte.

Drei Stunden später hatten sich alle, die zurzeit im Schloss anwesend waren, im Kaminzimmer versammelt. Da es noch immer regnete, hatte der Butler ein Feuer im Kamin entfacht. Gräfin Lindenstein, ihr Sohn Max, ihre Nichte Olga und die Knickerbocker-Bande saßen in dicken, weichen Ohrensesseln.

„Hasso wird überleben", berichtete die Gräfin, die sehr bleich im Gesicht war. „Der Hund hat mir das Leben gerettet, mich hätte schon eine Tasse der Suppe umgebracht. Ich habe den dringenden Verdacht, dass einer von euch mich ermorden wollte, um schneller an die Erbschaft zu gelangen."

Ein empörtes Schnauben ging durch den Raum. Die Gräfin ließ sich davon nicht aus der Ruhe bringen. „Ich will wissen, wo ihr euch zur Mittagszeit aufgehalten habt. Max?"

Der schlaksige junge Mann sprang auf und rief: „Du willst mir einen Mordversuch in die Schuhe schieben? Ich bin erst vor einer Stunde hier angekommen und habe mich gleich in mein Zimmer zurückgezogen."

„Olga?" Die Gräfin blickte ihre Nichte fragend an.

„Ich? Ich habe gelesen. Der Grund, warum ich heute nicht mit dir zu Mittag essen wollte, ist ... ich habe mir den Magen verdorben. Gestern … ich glaube, der Hummer war nicht frisch."

In diesem Moment wurde die Tür geöffnet und der Butler trat ein. „Ich wollte dem jungen Herrn nur sagen, dass das Dach seines Cabrios offen ist. Ich glaube, er sollte es schließen!", meldete er näselnd.

Max nickte und verließ das Zimmer. Olga, der die Situation sehr unangenehm zu sein schien, folgte ihm.

„Nun, was sagt ihr?", erkundigte sich die Gräfin Lindenstein bei der Knickerbocker-Bande. Die vier berieten sich kurz und dann verkündete Poppi: „Tante Ludmilla, ruf die Polizei. Jemand hat gelogen. Daran besteht kein Zweifel!"

KRIMI-FRAGE:
Wer war die „Grüne Hand"?

Der goldene Bär

SCHULFALL AXEL

Es war in der großen Pause. Axel hatte gerade eine grauenhafte Matheprüfung hinter sich. Florian, dem Flüsterer, verdankte er, dass seine Note noch halbwegs gut ausgefallen war. Florian saß in der ersten Bank und war im Vorsagen absolute Megaspitze! Keiner konnte besser flüstern als er. Die Lehrer hörten ihn nicht. Die Prüflinge aber sehr wohl.

Axel wollte sich bei Florian bedanken, konnte ihn aber weder in der Klasse noch auf dem Gang finden.

„Florian hat wieder mal Geschichtenstunde!", grinste Susi, die eine Bank mit ihm teilte. „Er ist bestimmt auf dem Schulhof!"

Axel hatte keine Ahnung, was Susi meinte, schlenderte aber in den Hof.

Tatsächlich saß Florian dort auf seinem Fahrrad, umringt von Schülern der unteren Klassen. „Vielleicht liegt noch einer dort", hörte Axel Florian sagen. „Wenn ihr mich fragt, ist die Wahrscheinlichkeit groß. Aber den genauen Fundort verrate ich euch nicht einfach so. Jeder von euch zahlt einen Fünfer, sonst suche ich selbst."

Axel traute seinen Augen nicht. Die Schüler begannen augenblicklich in ihren Taschen zu kramen und zogen die gewünschten Münzen hervor. Florian sammelte das Geld und steckte es ein.

„Ich habe den goldenen Bären vor genau vier Wochen gefunden. Er muss schon lange im Wald vergraben gewesen sein. Doch im Laufe der Jahre hat der Wind die Walderde weggeblasen und deshalb hat ein goldenes Ohr hervorgeblitzt. So bin ich auf die Spur des Bären gekommen", berichtete Florian. Vor Staunen stand den meisten seiner Zuhörer der Mund offen. „Als ich zu buddeln begann, habe ich eine Art Riesen-Teddybär ans Licht befördert. Einen Riesen-Teddy aus purem Gold!"

„Wie groß war er? War er innen hohl?", wollte ein Junge wissen.

Florian schüttelte den Kopf. „Der Bär hat mir fast bis zum Knie gereicht und war durch und durch aus Gold. Nicht hohl! Ich habe ihn sofort zu einem Kunsthändler getragen. Der hat festgestellt, dass es sich um eine Figur aus der Römerzeit handelt. Ein englisches Museum hat den goldenen Bären sofort gekauft und ein Vermögen dafür bezahlt. Für das Geld könnte ich mir mindestens fünfzig heiße Fahrräder kaufen."

„Jaja, aber wo hast du den Bären gefunden?", wollten die Zuhörer endlich erfahren.

„Ihr kennt alle die Dreier-Tanne, die Tanne, die drei Stämme hat?", flüsterte Florian geheimnisvoll.

Allgemeines Nicken.

„Geht von der Tanne zehn Schritte nach Osten, dann steht ihr auf dem Fundplatz!"

Das Klingeln der Pausenglocke beendete Florians Bericht.

Axel kochte. So gut Florian im Vorsagen war, was er hier tat, war eine Schweinerei. Er knöpfte mit Lügengeschichten den Kleinen ihr Taschengeld ab. Dabei klang die Story logisch. Trotzdem stimmte etwas an der Geschichte nicht. Axel war es als echtem Knickerbocker sofort aufgefallen. Er ließ sich von Florian keinen Bären aufbinden!

PS: Florian hat auf Axels dringende Bitte das Geld zurückgegeben. Er hatte keine Lust, demnächst 22 Reißnägel in seinem Fahrradreifen vorzufinden. Die hatte Axel ihm nämlich versprochen.

KRIMI-FRAGE:
Was stimmte nicht an Florians Geschichte?

Ablenken
und Verblüffen

Manchmal kann es von größter Wichtigkeit sein, Leute zu verblüffen oder sie abzulenken. Von einem bedeutenden Zauberkünstler habe ich dazu einen ganz besonderen Trick gelernt.

Ich gehe auf die Person zu, die ich ablenken möchte, starre ihr in die Augen und sage: „Wetten, dass ich Ihr Alter und Ihren Geburtsmonat sagen kann." Jeder ist über diese Ankündigung natürlich erstaunt. Ich rate dann einfach drauflos, und tippe ich daneben, sage ich: „Klar! Sie müssen viel fester an diese Daten denken. Deshalb gebe ich Ihnen eine kleine Rechenaufgabe auf:

Denken Sie fest an die Zahl Ihres Geburtsmonats. Zum Beispiel an 1 für Januar. An 2 für Februar, an 3 für März …

Diese Zahl nehmen Sie mal zwei und zählen fünf dazu. Das Ergebnis müssen Sie nun mit 50 malnehmen und das Alter dazuzählen.

Nennen Sie mir jetzt bitte das Ergebnis, das Sie errechnet haben!"

Sofort danach kann ich Alter und Geburtsmonat sagen. Du kannst das auch. Dazu musst du vom genannten Ergebnis nur 250 abziehen. Die erste Ziffer der neuen Zahl ist der Geburtsmonat. Die letzten beiden Ziffern sind das Alter.

BEISPIEL:

Arno ist 12 Jahre alt und hat im Oktober Geburtstag.
Oktober = 10
10 x 2 = 20 + 5 = 25
25 x 50 = 1250 + 12 = 1262
Arno nennt dir die Zahl 1262. Du ziehst 250 ab.
1262 – 250 = 1012
10 = Oktober
12 = Alter

Wo ist
Bubi-Bert?

Elvira Mutscha war außer sich. Schluchzend knetete sie ihre Schürze in den Händen und wischte sich damit immer wieder die Tränen aus den Augen.

„Jetzt noch einmal langsam und der Reihe nach", forderte Lieselotte sie auf. „Was ist geschehen?"

„Bubi-Bert", schluchzte Frau Mutscha, „Bubi-Bert ist ausgerissen. Und ich bin schuld!" Wieder brach sie in lautes Geheul und Wehklagen aus.

Die vier Knickerbocker-Freunde atmeten tief durch. Es war nicht einfach, mit Elvira Mutscha zu reden. Elvira war die Nachbarin von Poppis Großmutter und eine gigantische Köchin. Allerdings war sie auch eine Mutter Marke „Immer besorgt". Obwohl ihr Sohn Bert bereits 14 Jahre alt war, verhätschelte sie ihn noch immer wie ein Baby. Sie hatte immer Angst, dass Bert entweder verhungern oder erfrieren könnte.

„Heute Nachmittag hat mir Bubi-Bert mitgeteilt, dass er am Abend auf eine Fete gehen möchte. Ihr wisst schon, so ein Fest mit lauter Musik und wilden Tänzen!"

Lilo grinste. „Klasse! Wo steigt die Fete? Wir wollen auch hin."

Frau Mutscha starrte sie mit aufgerissenen Augen an. „Mädchen, das ist doch nichts für kleine Kinder!"

Axel schnaubte, versuchte nicht loszulachen und meinte: „Frau Mutscha, Ihr Sohn ist kein kleines Kind mehr! Haben Sie das noch nicht bemerkt?"

Die treu sorgende Mutter schüttelte den Kopf. Für sie blieb er ihr Bubi-Bert. „Er hat gesagt, er würde auf jeden Fall gehen, und deshalb habe ich ihn eingesperrt. In seinem Zimmer!", erzählte Elvira schluchzend. „Nach zwei Stunden wollte ich ihn wieder rauslassen, aber er war fort. Bubi-Bert hat sich aus den Bettlaken, dem Deckenüberzug und dem Vorhang ein Seil geknotet und ist daran aus dem Fenster geklettert. Mir hat er nur einen Zettel dagelassen, auf dem steht: **KOMME FRÜHESTENS UM MITTERNACHT!** Ich mache mir Sorgen!"

„Können wir bitte sein Zimmer sehen?", fragte Lilo.

Frau Mutscha nickte und führte sie in den zweiten Stock. In der Aufregung hatte sie die Tür gleich nach der schrecklichen Entdeckung wieder abgesperrt. Sie schloss auf und die Bande trat ein.

„Ist der Raum genauso, wie Sie ihn vorgefunden haben?", wollte Axel wissen. Wieder nickte Frau Mutscha. „Dann müssen Sie uns jetzt etwas versprechen!"

Berts Mutter blickte sie fragend an. „Wir bringen Ihnen auf der Stelle Ihren Sohn zurück, aber Sie werden erstens nicht schimpfen und ihn zweitens auf die Fete gehen lassen!"

Frau Mutscha nickte, als hätte sie einen Wackelkontakt. „Wenn ihr mir meinen Bubi-Bert wiederbringt, mache ich alles!"

„Ich wette, er sitzt im Schrank. Auf jeden Fall befindet er sich noch in diesem Zimmer!", verkündete Axel.

Er behielt Recht. Übrigens haben die Knickerbocker-Freunde Bert auf die Fete begleitet. Für Frau Mutscha waren sie eine Art Leibwächter. In Wirklichkeit wollten sie natürlich auch selbst Spaß haben. Und sie hatten ihn auch!

KRIMI-FRAGE:
Wieso wusste Axel, dass sich Bert noch im Zimmer befand?

Pizza mit Zahnpasta

In der Pizzeria „Bello Roberto" herrschte Angst und Sorge. War genügend Hefeteig da? Würde die Tomatensoße reichen? Wird der Koch mit dem Pizzabacken nachkommen? Diese Fragen hingen an diesem Donnerstag im Juli wie dunkle Gewitterwolken über der Pizzeria.

Der Grund dafür war die Knickerbocker-Bande. Die vier Freunde hatten nämlich bei einem Spiel am Strand von Palermo den ersten Preis gewonnen. Axel, Lilo, Poppi und Dominik durften einen Nachmittag lang so viele Freunde, wie sie nur wollten, in die Pizzeria „Bello Roberto" einladen und mit ihnen nach Herzenslust Pizzas futtern.

Der Besitzer des Lokals, der schöne Roberto, hatte mit allem gerechnet. Doch damit nicht! Wie eine Horde hungriger Heuschrecken fielen 164 junge Pizza-Fans bei ihm ein und verlangten lautstark nach Nahrung. Die Nachricht von dem ungewöhnlichen Preis hatte sich wie ein Lauffeuer am Strand verbreitet und von überall waren Kinder zur Pizzeria geströmt.

Wenige Minuten später servierten die Pizzaköche höchstpersönlich die ersten Hefeteig-Frisbees.

Axel verzichtete auf Messer und Gabel und riss mit geübtem Biss ein großes Stück aus dem Teig. Da er seit dem Frühstück nichts mehr gegessen hatte, stopfte er es gierig in seinen Mund. Gleich darauf schäumte er. Und wie! Weißer Schaum quoll zwischen seinen Lippen hervor und er stürzte hustend und prustend in Richtung Toilette.

Als er zurückkam, lag ein grünlicher Schimmer auf seinem Gesicht. „Meine Pizza war mit Zahnpasta belegt", schnaufte er. „Mir ist der Appetit vergangen!" Wenn Axel das sagte, musste ihm wirklich sehr schlecht sein.

Lilo schnappte die Zahnpastapizza und stapfte damit in die Küche. „Wer war das?", schnaubte sie in fließendem Italienisch. Drei Kochmützen wurden samt den darin steckenden Köpfen geschüttelt. Ein Küchenjunge ging zaghaft hinter dem Ofen in Deckung. Schon hatte ihn Lilo am Kragen gepackt und schüttelte ihn wie ein Geschirrtuch. „Warum? Wieso?", brüllte sie den Jungen an, der so weiß wie seine Jacke geworden war.

„Weil ich hunderttausend Lire dafür bekommen habe", keuchte der Jung-Kochlöffelartist.

„Von wem?", forschte Lieselotte.

Ein Achselzucken war die Antwort. „Weiß ich nicht. Lagen in einem Umschlag vor meiner Tür. Mit einem Brief und einem Foto. ‚Rache ist Zahnpasta. Darum soll dieser Mistkerl auf dem Foto eine ganze Tube in sein dreckiges Maul bekommen' stand darin."

„Auf deutsch?", wollte Lilo wissen.

Der Junge nickte. „Ich spreche gut Deutsch, weil ich

mit meinen Eltern viele Jahre lang in Österreich gelebt habe. Jetzt gehört ihnen das Hotel ‚Mare', und ich arbeite in der Pizzeria."

In Lilos Superhirn tauchte ein Verdacht auf. Die Knickerbocker-Bande wohnte im Hotel „Mare" und hatte dort zwei große Feinde. Sie hießen Isabella und Karl und waren mit ihren Eltern im selben Flugzeug angekommen. Gleich am ersten Tag hatten sie sich über Dominiks komplizierte Sprache und Axels Kleinheit lustig gemacht. Aus diesem Grund waren sie von den beiden samt Kleidern in den Swimmingpool geworfen worden.

Trotzdem konnten sie das Spotten nicht lassen. Klarer Fall, dass die Knickerbocker-Bande die beiden nicht zum Pizzaessen eingeladen hatte.

„Wohnst du auch im Hotel?", fragte Lilo den Pizza-Nachwuchskoch.

Er nickte. „Ich habe ein Zimmer in dem kleinen Haus neben dem Hotel", lautete die zittrige Antwort.

„Gut", knurrte Lieselotte, „dann wirst du heute Abend Isabella und Karl in ihren Zimmern anrufen und sie zu dir bestellen. Kapiert?"

Der kleine Kochlöffelschwinger verstand kein Wort, willigte aber ein.

Von der Rezeption aus rief er kurz nach 7 Uhr in dem Zimmer an, das Isabella bewohnte. Artig sagte er auf, was ihm Lilo vorgeplappert hatte: „Tag. Du kennst mich. Du hast heute hunderttausend Lire und ein Foto unter meiner Tür durchgeschoben. Aber ich weiß jetzt, wie wir diesen Jungen noch mehr ärgern können. Komm heute Abend gegen acht Uhr. Abgemacht?"

Karl teilte er das Gleiche mit: „Tag. Ich weiß, dass du dem Vorgartenzwerg Axel eins auswischen möchtest. Ich hab alles so gemacht, wie du es wolltest. Ich weiß jetzt auch, was ihn noch mehr zur Weißglut bringen könnte. Heute um acht Uhr sage ich es dir. Komm in das kleine Haus neben dem Hotel und bring mindestens fünfzigtausend Lire mit!"

Pünktlich um 8 Uhr klopfte jemand an die Zimmertür des Pizzabäckers. Es war Isabella. Als ihr der Pizzabäcker öffnete, tauchte auch noch Karl auf. Die beiden traten mit rachesüchtigen Blicken in das Zimmer und trauten ihren Augen nicht. Da saß die komplette Knickerbocker-Bande und hatte eine große Pizza vor sich stehen. Belegt war sie mit Champignos, Käse, Salami, Tomaten und viel Zahnpasta.

„Mahlzeit!", wünschte Axel.

Doch als Poppi und Dominik den beiden einen Bissen in den Mund stopfen wollten, schrie Lilo: „Stopp! Die Zahnpastapizza verdient nur einer der beiden!" Dann bohrte sie ihren Zeigefinger in einen ganz bestimmten Bauch.

KRIMI-FRAGE:
In welchen?
Wer hatte die Idee mit der Zahnpastapizza?

Personenkartei

Dazu brauchst du nur harte Kartonkarten oder (noch besser): echte Karteikarten.

Eine Knickerbocker-Personen-Karteikarte sieht so aus:

Name:

Alter:

Adresse:

Telefonnummer:

Aussehen:

Besondere Kennzeichen:

Geburtstag:

Notizen:

Mag sehr:

Mag nicht:

Foto der Person

Wir haben über jeden unserer Freunde eine Karteikarte. So wissen wir immer, was wir zum Beispiel zu einem Geburtstagsfest mitbringen können. Auf der Karte steht schließlich, worüber sich das Geburtstagskind freut.

Lege dir auch eine Personenkartei an. Beim Ausfüllen der Karten wirst du viel über deine Freunde, deine Eltern, Geschwister, Onkeln, Tanten, Großeltern und Nachbarn erfahren! Das ist ein tolles Detektiv-Training!

Fettaugen im Waldsee

mini KRIMI

Die vier Knickerbocker-Freunde trauten ihren Augen nicht. Sie hatten einen Ausflug zum Schwarzen See gemacht, der auf einer kleinen versteckten Lichtung im Wald lag.

Eigentlich hatten Axel, Lilo, Poppi und Dominik an diesem warmen Sommertag baden wollen, doch die Lust darauf war ihnen schnell vergangen. Dunkle, schillernde Ölschlieren schwammen auf der Wasseroberfläche.

„Welches Dreckschwein war das?", schnaubte Axel. „Wer leert altes Öl in den Schwarzen See?"

Ein Stück weiter entdeckten die Junior-Detektive in einer Grube ungefähr 30 rostige Fässer. Einige waren bereits leck und schwarzes, stinkendes Öl tropfte aus ihnen heraus.

Gleich neben der Grube entdeckten die Knickerbocker eine Reifenspur. Jemand hatte die Fässer direkt von der Ladefläche in die Grube gerollt.

Axel, Lilo, Poppi und Dominik stöberten noch weitere Spuren auf:

▷ Abdrucke von Sportschuhen, die ziemlich tief in den Boden gedrückt waren,

▷ ein Kaugummi der Marke „Soft-Kau",

▷ Splitter von hartem, rotem durchsichtigem Kunststoff neben einem Baum.

Außerdem fand Poppi einen zusammengeknüllten Lieferschein, der von der Firma „Blech & Co., Autoreparatur" ausgestellt war.

Lilo kannte diese Firma und marschierte mit ihren Knickerbocker-Kumpels hin.

Der Chef der Autowerkstatt war ein hilfsbereiter und freundlicher Mann, der entsetzt war, als er von dem Öl im Wald erfuhr. Er hatte einen seiner drei Mitarbeiter in Verdacht. Alle drei hatten in letzter Zeit Fässer mit Altöl zur Problemstoff-Sammelstelle bringen sollen. Vielleicht war einer zu bequem gewesen und hatte das Geld, das die Entsorgung kostete, in seine eigene Tasche verschwinden lassen?

Die Detektive sahen sich die drei Mitarbeiter an:

Fritz Muffmann: ein großer und sehr dicker Bursche. Aus ihm waren nicht einmal drei Worte herauszubekommen.

Hans-Georg Marder: Ein sehr nervöser, kleiner, dünner Kerl, der ständig Kaugummi kaute. Die Marke war nicht zu erkennen. Er wurde knallrot, als er von der Umweltverschmutzung erfuhr. Vor Wut oder weil er ertappt worden war?

Sebastian Kling: Er ist Hobby-Jockey und erzählte den Knickerbockern von der Rennbahn. Altes Öl würde er nie im Wald verschwinden lassen.

KRIMI-FRAGE:
Zu wem führt die Spur?

Holzwürmer lügen nicht

Ein Tischler hat uns etwas Tolles gezeigt. So kannst du feststellen, ob ein altes Möbelstück wirklich alt ist!

Manchmal sind die angeblich alten Möbel nur aus altem Holz geschnitzt, ansonsten sind sie Nachahmungen oder Fälschungen und viel weniger wert. Original oder Fälschung? Der Holzwurm bringt es an den Tag.

Ein echtes altes Möbelstück wurde vor langer Zeit hergestellt. Im Laufe der Jahre ist dann der Holzwurm hineingekommen und hat sich seine Gänge gebohrt. Die Enden der Gänge sind als kreisrunde Löcher im Holz erkennbar.

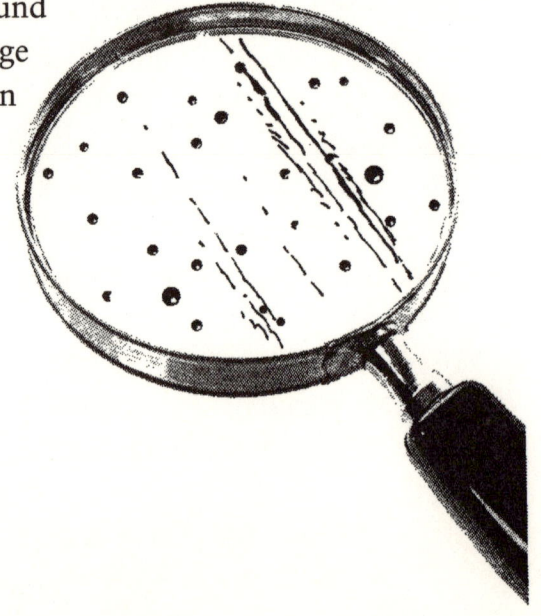

Wird aber altes Holz genommen, in dem der Holzwurm bereits sitzt, sieht das anders aus. Seine Gänge werden angesägt oder angeschnitzt und dabei meistens schräg durchgeschnitten.

Nun sind die Öffnungen nicht rund, sondern oval! Ein Zeichen dafür, dass es sich um eine Fälschung handelt.

Die Katze mit der Glatze

MAXI KRIMI

Der Mann mit dem Panther

„Es ist entsetzlich, einfach entsetzlich", jammerte Frau Siebenstroh und schnäuzte sich zum 67. Mal an diesem Vormittag. Wie ein Baby hielt sie eine große Packung Papiertaschentücher im Arm. „Seit einer Woche geht das schon so", erzählte die Frau den Knickerbocker-Freunden. „Es ist kein richtiger Schnupfen, sondern ein Heuschnupfen, aber er macht mich fix und fertig. Ich sehe nichts, ich bekomme keine Luft und habe das Gefühl, mein Gesicht ist ein Schwabbelpudding."

„Deshalb sind wir auch zu Ihnen gekommen. Ab heute versorgen wir Ihre Tiere!", versprach Poppi.

Frau Siebenstroh besaß nämlich eine kleine Tierfarm, in der nur Tiere in Not aufgenommen wurden. Die kleine, drahtige Frau hatte schon mehrere Pferde vor dem Metzger gerettet und mindestens zwanzig herrenlose Katzen und zwölf Hunde bei sich aufgenommen. Außerdem pflegte sie auch junge Störche, die aus dem Nest gefallen waren.

„Ich habe mich nicht mehr aus dem Haus getraut, seit der Heuschnupfen begonnen hat", berichtete Frau Siebenstorch. „Nicht einmal telefoniert habe ich, weil man mich kaum versteht. Aber jetzt bin ich froh, dass Poppi durch Zufall bei mir vorbeigeschaut hat. Kinder, ihr seid mir eine große Hilfe!"

„Das machen wir gerne", versicherten die Knickerbocker und gingen an die Arbeit.

Poppi war gerade dabei, den kleinen grauen Störchen Futter in ihre schwarzen Schnäbel zu stopfen, als es im Hof polterte und klirrte. Das Mädchen stürzte aus dem Stall und sah einen bulligen Mann, der gerade auf eine Mistgabel getreten war. Dadurch war der Stiel in die Höhe geschnellt und hatte ihn genau auf die Nase getroffen.

„Mistvieh, ich kriege dich trotzdem", schimpfte er und wollte auf einen Heuhaufen klettern.

„He, was treiben Sie da?", rief Poppi ihm zu.

Der Mann zuckte zusammen und verbeugte sich artig. Dabei fiel dem Mädchen etwas auf. Er hatte das Hemd nicht zugeknöpft und trug eine schwere Goldkette mit einem protzigen Panther aus Gold um den Hals.

„Verzeihung, aber ich wollte nur Sissy abholen", erklärte der Mann.

„Sissy?" Poppi verstand kein Wort.

„Jaja, die arme kleine Katze mit der Glatze. Sie hockt hinter dem Heuhaufen. Ich möchte, dass sie bei mir ein neues Zuhause findet und sich wohl fühlt. Mit der Besitzerin der … der … Tierpension ist alles abgesprochen. Sie hat vor drei Tagen beim Fleischer Futter gekauft und von Sissy erzählt. Ich habe mich bereit erklärt, das arme Wesen bei mir aufzunehmen."

Poppi warf dem Mann einen misstrauischen Blick zu und meinte schließlich: „Augenblick, ich frage Frau Siebenstroh, ob sie wirklich einverstanden ist."

Mit diesen Worten verschwand das Mädchen im Wohnhaus. Kaum hatte es die Tür hinter sich geschlossen, spähte es durch die Gardinen des Vorzimmers. Der Mann blickte sich hastig um und wollte wieder Jagd auf die Katze machen. Doch genau in dieser Sekunde kamen Axel, Lilo und Dominik aus dem Hundehaus. Der Mann erschrak und suchte das Weite.

Das ist ein Lügner, schoss es Poppi durch den Kopf. Was führt der Kerl im Schilde?

KRIMI-FRAGE:
Warum hält Poppi den Mann für einen Lügner?

Professor Meilenstein

Zwei Stunden später schlenderte die Knickerbocker-Bande durch den Jachtklub. Dort war die Katze mit der Glatze nämlich von einem Bootsbesitzer aus dem Wasser gezogen worden.

Die vier Junior-Detektive trabten über die langen Holzstege, die kreuz und quer durch den dichten Schilfgürtel führten, der sich am Ufer des Sees erstreckte. Immer wieder tauchte zwischen den langen Halmen eine Hütte auf, bei der Lieselotte dann anklopfte. Doch niemand kannte die Katze mit der Glatze. Keiner hatte sie zuvor gesehen.

Die Bande wollte schon umkehren, als plötzlich eine junge Frau angelaufen kam. „Hallo, hallo, ihr!", rief sie und winkte aufgeregt. „Ich habe von meiner Nachbarin gehört, dass ihr eine Katze gefunden habt."

„So ist es", sagte Lilo und deutete auf das maunzende Tier, das neugierig seinen Kopf unter Poppis Pullover hervorstreckte.

„Das dachte ich mir", nickte die junge Frau. „Es handelt sich um Archimedes."

Die vier Junior-Detektive verstanden nicht ganz.

„So lautet der Name der Katze", erklärte ihnen die Frau. „Ich habe Archimedes sofort an den herzförmigen schwarzen Punkten in seinen Ohren erkannt. Aber wer hat dem armen Tier eine Glatze geschoren?"

„Das möchten wir auch gerne wissen", knurrte Poppi. „Wissen Sie vielleicht, wem die Katze gehört?"

„Natürlich", lautete die Antwort. „Professor Meilenstein, der drüben am anderen Ufer eine große Hütte hat."

„Was ist das für ein Professor?", erkundigte sich Lilo.

„Er ist Chemiker, aber ich weiß leider nicht genau, womit er sich beschäftigt", berichtete die junge Frau. „Mein Name ist übrigens Karin. Karin Tipmann. Ich habe für den Professor kurze Zeit als Sekretärin gearbeitet, aber auch dabei kaum etwas über ihn erfahren. Er macht aus allem ein Geheimnis. Sogar aus seinem Alter.

Vor einer Woche habe ich einen Brief von ihm erhalten, in dem er mir erklärt hat, dass er mich nicht mehr benötigt. Ich kann das nicht verstehen, denn erst wenige

Tage zuvor hatte er mich gebeten, in Zukunft öfter zu kommen."

Dominik wurde misstrauisch. „Wieso sind Sie uns eigentlich nachgelaufen? Sie konnten doch nicht ahnen, dass es sich um die Katze des Professors handelt?"

„Doch", sagte Karin bestimmt. „In dieser Gegend hält sich sonst niemand eine Katze. Deshalb habe ich sofort an Archimedes gedacht. Und ehrlich gesagt, mache ich mir Sorgen um den Professor ..."

Die Knickerbocker-Bande übergab Karin die Katze und besorgte sich ein Ruderboot. Damit wollte sie zur Hütte des Professors, um ihm einen Besuch abzustatten.

Nachdem Axel, Lilo, Poppi und Dominik den See überquert hatten, bogen sie in eine schmale, lang gezogene Bucht ein, an deren Ende das Haus des Professors lag. Die Knickerbocker-Freunde befanden sich ungefähr in der Mitte der Bucht, als ein Schuss fiel.

Entsetzt gingen die vier in Deckung. Hatte jemand auf sie gefeuert? Warum?

„Wasser!", rief Axel entsetzt. „Wir stehen im Wasser. Wo kommt das plötzlich her?"

„Das Boot ist leck! Wir haben genau im Bug ein großes Loch", bemerkte Poppi mit Schrecken.

Axel, Lilo, Dominik und Poppi versuchten mit den Händen das Wasser aus dem Ruderboot zu schaufeln, doch es gelang nicht.

Eine Minute später war der Kahn gesunken.

Schwimmend versuchten sich die Detektive ans Ufer zu retten. Wie Bleigewichte hingen ihre Kleider an den Armen und Beinen und zogen die Freunde nach unten.

„Hierher!", rief eine tiefe Stimme. Lilo blickte nach vorne und erkannte einen grauhaarigen Mann in Latzhosen, der aus der Hütte des Professors getreten war. Er half den Knickerbockern aus dem Wasser und legte ihnen Decken über die Schultern.

Poppi zitterte am ganzen Körper. „Schnell ins Haus", kommandierte der Mann. „Sonst holst du dir den Tod!"

Bevor die vier Junior-Detektivedie Hütte betraten, warf Axel noch einen Blick zurück auf die Bucht. Ganz vorne, wo sie in den See mündete, befanden sich zwei weitere Pfahlbauten. Saß in einem von ihnen vielleicht der Schütze?

KRIMI-FRAGE:
Was sagst du dazu?

Die Entdeckung

Zur großen Überraschung der Knickerbocker-Freunde stellte sich der Mann in der Latzhose als Professor Meilenstein vor.

Poppi starrte ihn ungläubig an.

„Du kannst es nicht fassen", lachte der Professor. „Aber warum eigentlich nicht?"

„Na ja, ich hab mir einen Professor anders vorgestellt", meinte das Mädchen. „In einem langen, weißen Mantel oder einem Anzug. Schließlich sind Sie ... na ja ... nicht mehr so jung!"

Professor Meilenstein spielte auf beleidigt und verzog den Mund. „Hör zu. Nur weil ich schon einundsechzig Jahre alt bin, muss ich mich nicht grau und braun kleiden. Übrigens bin ich nicht nur ein guter Chemiker, sondern auch ein guter Teekoch. In Kürze serviere ich euch meine Spezial-Teemischung!"

Der Professor verschwand in der Küche und Lieselotte gab den anderen ein Zeichen, zu ihr zu kommen.

„Er ist außerdem nicht echt!", flüsterte sie ihren Kumpels zu. „Ich habe den Verdacht, dass sich dieser Mann nur als Professor Meilenstein ausgibt!"

KRIMI-FRAGE:
Wieso?

Kopf unter Wasser!

Axel war nun einiges klar. „Wahrscheinlich hat der Typ dann sogar höchstpersönlich auf uns geschossen. Um uns abzuschrecken!"

„Darüber können wir jetzt nicht nachdenken", meinte Lilo.

Blitzschnell fassten die Knickerbocker einen Plan. Sie wollten den falschen Professor um eines seiner Boote bitten, damit zum Hafen zurückfahren und die Polizei rufen. Lilo allerdings würde bald wieder aussteigen ...

Gesagt – getan. Die vier Freunde bedankten sich für den Tee und machten sich auf den Weg. Aber kaum war der Professor wieder im Haus verschwunden, ließ sich das Superhirn ins Wasser gleiten und tauchte zur Hütte.

Leise zog sich Lilo am Steg, der rund um den Pfahlbau führte, in die Höhe und lauschte unter einem offenen Fenster.

In der Hütte befanden sich eindeutig zwei Leute: der falsche Professor und ein zweiter Mann.

„Harry", schimpfte der Professor, „du bist ein Idiot. Wieso schießt du auf die Kinder?" – „Weil es die Biester sind, die ich im Tierheim gesehen habe. Sie haben die Katze und ich wette, dieses Vieh kann uns weiterhelfen", antwortete der andere. Es schien sich um den Mann mit dem Goldpanther zu handeln.

„Das ist kein Grund auf sie zu ballern. Zum Glück haben sie keinen Verdacht geschöpft und werden jetzt im Hafen berichten, dass sie Professor Meilenstein gesehen haben. Allerdings habe ich keine Lust, noch lange in der Maskerade herumzurennen. Der Alte soll endlich verraten, wo die Formeln versteckt sind."

„Ich kenne Mittel, um ihn zum Sprechen zu bringen", meinte der Panther-Mann und seine Stimme klang gemein und drohend.

In dem Moment hörte Lieselotte ein leises Kratzen. Jemand stöhnte und wimmerte.

Das Superhirn entdeckte an der Außenseite der Hütte eine Tür. Sie war nur angelehnt. Lilo drückte sie einen Spaltbreit auf und blickte hinein. Ein älterer Mann, der an Händen und Füßen gefesselt war, lag da.

„Hilfe ... bitte hilf mir!", krächzte er. „Seit fast einer Woche gibt er mir nichts zu essen und seit gestern auch nichts mehr zu trinken."

„Professor Meilenstein?", fragt Lilo vorsichtig.
Der Mann nickte.

Lieselotte befreite ihn hastig von den Fesseln und überlegte fieberhaft, was sie nun unternehmen sollte. Da wurde sie von hinten im Genick gepackt und in die Höhe gerissen.

„Alter, entweder du redest jetzt oder wir tauchen das Mädchen drei Minuten lang unter Wasser!", dröhnte eine Stimme, die zweifellos dem falschen Professor gehörte.

Lieselotte wollte sich wehren, aber der Mann legte ihr blitzschnell die andere Hand an die Kehle und drückte leicht zu. „Schön ruhig bleiben, sonst hast du bald Kragenweite null", zischte er dem Mädchen ins Ohr.

Als der Professor weiterhin schwieg, stieß der Mann Lilo vor sich her aus der Hütte. Er trieb sie bis zum Rand des Holzstegs und beugte sie so weit nach vorne, bis sie fast ins Wasser fiel.

„Redest du jetzt?", schnauzte er Professor Meilenstein an.

Als wieder keine Antwort kam, wollte er Lieselotte einen Stoß versetzen, doch er kam nicht dazu.

„Hier spricht die Polizei!", ertönte eine Lautsprecherstimme. „Kommen Sie aus der Hütte, mit erhobenen Händen!"

Sofort spürte Lilo, wie sie losgelassen wurde und der Mann hinter ihr flüchtete. Das Mädchen rannte nach vorn zur Bucht und winkte dem Polizeischiff, das gleich darauf anlegte. Der Professor, der schon ziemlich schwach war, wurde an Bord geholt und ins nächste Krankenhaus transportiert.

Zwei Polizisten durchsuchten sofort die Hütte nach den Männern, aber als sie wieder herauskamen, machten sie lange Gesichter.

„Sie sind weg", berichteten sie. „Alle Zimmer leer und durch das Schilf können sie nicht geflohen sein. Es gibt keinen Steg. Das Haus ist nur per Boot zu erreichen."

Als das Polizeischiff ablegte, blickte Lilo zu der Holzhütte zurück und erschrak. Nun wusste sie, wo sich die Gauner versteckten.

KRIMI-FRAGE:
Wo sind die Gauner?

Der Grund für die Katzenglatze

Eine Woche später erhielten die Knickerbocker-Freunde in der Tierpension Besuch. Der echte Professor Meilenstein hatte sich zum Glück gut erholt und kam um sich zu bedanken.

„Niemand anderer als mein eigener Assistent und Vertrauter Harry Boldenstein hat mich betrogen. Durch Zufall habe ich beobachtet, wie er versucht hat, den Tresor zu knacken, in dem ich meine Aufzeichnungen habe."

„Was für Aufzeichnungen?", fragte Axel.

„Ich arbeite an einem neuen Treibstoff, der völlig abgasfrei sein wird. Natürlich ist diese Erfindung eine Sensation, die mich bekannt und wahrscheinlich auch wohlhabend machen wird. Harry wollte mich austricksen. Aus diesem Grund habe ich meine Unterlagen vernichtet."

„Heißt das, sie sind für immer verloren?", erkundigte sich Poppi.

Der Professor schüttelte der Kopf. „Nein, nein, die wichtigsten Formeln stehen mit unsichtbarer Tinte auf dem Kopf meiner Katze. Die Schrift wird nur im UV-Licht lesbar. Aus diesem Grund habe ich auch aus dem Krankenhaus angerufen und gebeten, dass ihr sie gut pflegt und nicht entkommen lasst."

„Ein schlauer Trick", stellte Lilo anerkennend fest.

„Harry hat mich dann niedergeschlagen und eingesperrt. Er selbst ist nun als Professor aufgetreten, damit niemandem mein Verschwinden auffällt. Archimedes, meine Katze, muss irgendwann ins Wasser gefallen sein. Zum Glück wurde sie gefunden."

Poppi überreichte dem Wissenschaftler das kostbare Tier, das sich sofort liebevoll an ihn schmiegte.

„Na, Archimedes, hast du mir die Glatze schon verziehen?", fragte er die Katze liebevoll. Ein heftiges Schnurren war die Antwort und das hieß wohl „Ja!"

Socken
in der Suppe

„Wäääää!", rief Axel und ließ den Löffel fallen.

„Was ist los?", wollten seine Knickerbocker-Freunde wissen.

Die Bande saß in einem piekfeinen Fischrestaurant, in das sie Herr Schwertli eingeladen hatte. Herr Schwertli testete nämlich Restaurants und Läden und verfasste Bücher über seine Ergebnisse. Axel, Lilo, Poppi und Dominik hatten für ihn bereits einmal gearbeitet. Sie waren damals in der Schweiz unterwegs, um die Kinderfreundlichkeit von Gaststätten und Geschäften auf die Probe zu stellen.

„Wäääää!", rief Axel.

Herr Schwertli warf ihm einen rügenden Blick zu. „Junge, bitte denke daran, dass wir uns in einem feinen Restaurant befinden."

Axel verzog den Mund. „Sehr fein, wirklich! Aber ich habe eine Fischsuppe bestellt und keine Sockensuppe." Er schnappte die Gabel und fischte einen schmutzigen, ehemals weißen Tennissocken aus der trüben Suppe.

„Igitt!", riefen nun auch die anderen Knickerbocker und schoben angewidert ihre Teller von sich. Mit einem Schlag schmeckte ihnen das Essen nicht mehr. Wer weiß, was in den anderen Speisen war? Vielleicht Schuhbänder, Taschentücher, Sohlen oder Knöpfe?

„Unerhört!", schimpfte Herr Schwertli. Er packte den Teller Suppe und stürmte in Richtung Küche. Die vier Junior-Detektive folgten ihm. Sie wollten es sich nicht entgehen lassen, wenn der kleine, rundliche Herr Schwertli den Koch zur Schnecke machte.

Der Restaurant-Tester schoss durch die Schwingtür in die kleine weiße Küche und schnaubte: „Wer ist dafür verantw…?" Das Wort blieb ihm im Hals stecken. Mit weit aufgerissenen Augen starrte er auf die zwei Männer, die vor ihm standen. Der eine war der Koch. Seine weiße Kleidung und die Kochmütze ließen keinen Zweifel daran. Der andere aber war ein Mann in einer braunen Lederjacke und hatte den Koch am Hals gepackt. Er würgte ihn und beugte den Kochlöffelschwinger immer weiter nach hinten, auf die heiße Herdplatte zu. Er wollte ihm zweifellos das Ohr, die Haare oder das Gesicht verbrennen.

Als der Mann Herr Schwertli bemerkte, ließ er sein Opfer aber augenblicklich los und wischte sich verlegen die Hände an der Hose ab.

„Was … was soll das?", wollte Axel wissen.

„Ich habe etwas gegen Tierquäler!", erklärte der Mann in der Lederjacke. „Ich bin nämlich von der Umweltschutzorganisation ‚Grünstern'. Wir führen zurzeit die Aktion ‚Rettet die Hummer' durch."

„Das ist eine gute Sache", meinte Poppi. „Die armen Tiere werden nämlich bei lebendigem Leib in kochendes Wasser geworfen!"

Herr Schwertli schnalzte mit der Zunge. „Tststs ... aber wieso müssen Sie den Koch gleich verletzen? Sie hätten ihm schlimmste Verbrennungen zufügen können!"

Der Mann in der Lederjacke machte ein abfälliges Gesicht. „Na und? Als ich die Küche betreten habe, hat er gerade wieder eines der lieben, roten Tiere in der Hand gehalten. Der Hummer hat wild mit den Scheren geschlagen. Aber sie waren zusammengebunden. Die arme Kreatur konnte sich nicht wehren. Als ich das gesehen habe, bin ich so wütend geworden, dass ich durchgedreht bin."

Poppi gab den anderen ein Zeichen, zu ihr zu kommen. „Der ... der Mann ist kein Tierschützer. Er lügt. Der Koch und er kämpfen aus einem anderen Grund", flüsterte sie aufgeregt. Lilo überlegte fieberhaft, was sie nun unternehmen sollten. Schließlich sagte sie laut: „Aha, und wieso sagen Sie nicht die Wahrheit?"

Der Mann in der Lederjacke wurde knallrot. Da er schwieg, verständigten Herr Schwertli und die Knickerbocker-Freunde die Polizei.

Aus der Zeitung erfuhren sie später, dass der Mann und der Koch gemeinsame Sache gemacht hatten. Der Koch hatte seinem Komplizen gemeldet, wenn besonders wohlhabende Leute im Lokal waren. Sein Partner nahm sich dann ihre Häuser vor, brach ein und stahl alle Wertsachen. Die ahnungslosen Besitzer saßen währenddessen im Restaurant und mussten dort besonders lange auf das Essen warten. Schließlich durften sie unter keinen Umständen zu früh nach Hause kommen.

Doch dann kam es zwischen den Ganoven zum Streit, weil der Koch mehr von der Beute haben wollte. Er drohte, seinen Kollegen bei der Polizei anzuzeigen. Daraufhin ist dieser durchgedreht und hat gedroht, den Koch umzubringen.

Der Socken diente normalerweise als Putzlappen für die Töpfe. Beim Kampf der beiden Ganoven musste er aus Versehen in die Suppe geraten sein. Pech für die zwei!

KRIMI-FRAGE:
Wie kam Poppi darauf, dass der Mann in der Lederjacke log?

Der Detektiv-Bleistift

Kein Mensch vermutet *in* einem Bleistift ein Geheimversteck. Aber es ist möglich! Und so bastelst du deinen Detektiv-Bleistift:

Du brauchst dazu einen Bleistiftstummel, einen langen Bleistift von gleicher Dicke, nicht zu dickes, buntes Papier und Klebstoff.

Lege den langen Bleistift auf das Papier. Wickle das Papier fest um den Bleistift und klebe den Papierrand fest.

Nun ziehe den Bleistift heraus und klebe den Bleistiftstummel in eines der Enden der Papierröhre.

Achtung:
Nur die angespitzte Spitze darf aus der Röhre schauen.

Nun liegt der Detektiv-Bleistift vor dir. Innen ist er zum größten Teil hohl und so kannst du darin zum Beispiel Geheimbotschaften verstecken.

Um ihn perfekt zu machen, stecke in das hintere Ende der Röhre einen zweiten Bleistiftstummel. Aber Vorsicht: Klebe vorher einen dünnen Faden daran fest, damit du diesen Verschluss auch wieder herausziehen kannst.

Das Monster
im Moor

Ein schriller Schrei gellte über das Moor. In der nächsten Sekunde erhob sich ein mächtiger dunkler Vogel in die Luft und schlug so heftig mit den Flügeln, dass man sein Flattern auch in einiger Entfernung gut hören konnte.

Erschrocken waren die vier Knickerbocker-Freunde Lieselotte, Axel, Poppi und Dominik in die Höhe gesaust und blickten sich suchend um. Die Bande befand sich im Finsterbach-Moor, wo sie seltene Vögel beobachten wollten.

„W...w...was war das?", fragte Poppi mit zitternder Stimme.

„Das war ein Schrei-Schnabel-Storch!", erwiderte Axel trocken.

Poppi verzog wütend das Gesicht und knurrte: „Blödmann, das war ein Moorhahn. Das weiß ich genau! Aber wieso hat er geschrien?"

„Der Schrei ... das war kein Vogel, sondern ein Mensch", brummte Lilo.

Dominik nickte eifrig. „So mich meine Hörorgane nicht täuschen, hat es sich um eine Frauenstimme gehandelt", erklärte er in seiner komplizierten Sprechweise.

Die vier Junior-Detektive hielten den Atem an und lauschten angestrengt nach weiteren Hinweisen auf die Schreierin.

Dann hörten sie eine Frau um Hilfe schreien.

„Dort ... dort drüben, wo der umgestürzte Baum liegt ... Dort muss die Frau sein!", stieß Axel hervor und rannte los. Lilo, Dominik und Poppi folgten ihm.

Als sie den Baum erreichten, bot sich ihnen ein schauriger Anblick: Ein braunes, faltiges Monster hatte eine zarte Frau mit seinen dicken, braunen Pranken gepackt und schüttelte sie wie eine Limoflasche.

„Loslassen ... Lassen Sie mich los!", kreischte die Frau. Sie drehte den Kopf und sah die vier Knickerbocker, die vor Schreck zu Salzsäulen erstarrt waren. „Helft mir, das Monster will mich umbringen!", schrie sie.

Nun hatte auch das Untier die Bande entdeckt. Augenblicklich ließ es die Frau los und suchte mit großen Sprüngen das Weite.

Keuchend ließ sich die Frau auf den dicken Baumstamm sinken. „Danke ... danke", stammelte sie immer wieder. „Das war Rettung ... Rettung in letzter Sekunde."

„Wieso hat Sie dieses Monster angegriffen?", wollte Lilo wissen.

„Ich weiß es nicht", keuchte die Frau, die noch immer nach Atem rang. „Ich bin Vogelforscherin und habe von hier aus den schwarzen Vogel beim Brüten beobachtet. Plötzlich aber hat sich dieses Monster auf mich gestürzt."

Lilo sprang auf und blickte die anderen fragend an: „Sollen wir das Monster verfolgen?", fragte sie. In ihr war die Abenteuerlust erwacht. Ungelöste Rätsel mussten gelöst werden.

Ein etwas unsicheres „Ja, wir verfolgen es!" war die Antwort von Axel, Dominik und Poppi.

Die Spur des Ungeheuers war frisch und dadurch leicht zu erkennen. Sie führte vom Moor in den angrenzenden Finsterbach-Wald und endete auf einer kleinen Lichtung, auf der sich eine windschiefe Jagdhütte aus Holz befand.

Geduckt schlichen sich die vier näher und versuchten möglichst wenig Geräusche zu machen. Das Monster sollte unter keinen Umständen auf sie aufmerksam werden. Sie kauerten sich unter das Fenster der Hütte und holten tief Luft. Im Zeitlupentempo hoben sie dann die Köpfe und spähten in das Innere des Häuschens. Poppi konnte sich nicht zurückhalten und schrie leise auf. Entsetzt gingen alle vier wieder in Deckung. In der Hütte stand – mächtig aufgerichtet – das Monster.

„Was jetzt? Was sollen wir machen?", keuchte Dominik. Flüsternd berieten die vier die weitere Vorgehensweise und überhörten dadurch, dass sich jemand auf Zehenspitzen von hinten an sie heranschlich.

„Was soll das?", fragte plötzlich eine tiefe Stimme barsch. Wie von einem Skorpion gestochen, sausten die vier in die Höhe und starrten in das grimmige Gesicht eines Mannes um die dreißig Jahre. Ein schwarzes Bartgestrüpp wucherte auf seinem Kinn und verlieh ihm einen wilden, brutalen Ausdruck.

Als die Knickerbocker nicht antworteten, sagte der Mann bohrend: „Darf ich erfahren, wieso ihr meinen Tarnanzug anstarrt, der in der Hütte an einem Kleiderhaken hängt?"

Dominik schlug sich auf die Stirn und rief: „Natürlich, es kommt für mich Licht in die Angelegenheit. Das Monster ist kein Monster, sondern ein Mann in einem braunen Tarnanzug. Dieser Anzug bedeckt auch den Kopf und die Hände völlig. Er soll verhindern, dass Tiere den Menschen, der darin steckt, wittern. Bei diesem scheint es sich allerdings um ein besonders schmutziges Exemplar zu handeln."

„Kluges Bürschen, gut erkannt", lobte der Mann den Jungen. „Ihr macht Gesichter, als hättet ihr es mit einem Massenmörder zu tun. Ich heiße Alexander Krausmann und bin Fotograf. Tierfotograf. Ich habe von einem Tiermagazin den Auftrag, den scheuen Moorhahn zu fotografieren. Er ist der letzte seiner Art im Finsterbach-Moor. Im nächsten Frühjahr will man versuchen, ein Weibchen auszusetzen, damit vielleicht wieder einmal Moorhahn-Nachwuchs kommt."

„Das stimmt", bestätigte Poppi, die große Tierfreundin. „Darüber habe ich schon etwas gelesen."

„Heute ist es mir endlich gelungen, den Moorhahn vor die Linse zu bekommen", setzte Herr Krausmann seinen Bericht fort. „Doch dann habe ich im Teleobjektiv meiner Kamera plötzlich diese Frau gesehen. Sie hat versucht ein Loch zu graben. Ich dachte, es soll eine Falle für Tiere werden, und bin deshalb zu ihr gelaufen. Die Frau hat mich angegriffen. Mit Karateschlägen!"

Axel blickte den Mann herausfordernd an. „Das kann man glauben oder auch nicht!"

„Warum sind Sie geflüchtet?", forschte Lilo weiter.

„Weil ich mich erschrocken habe. Ihr müsst ja tatsächlich den Eindruck bekommen haben, ich hätte die Frau bedroht!", erklärte der Mann.

Lieselotte knetete ihre Nasenspitze, weil sie auf diese Art besser nachdenken konnte, und sagte schließlich: „Ich glaube, ich weiß, wer die Wahrheit sagt!"

So viel sei verraten: Durch den Hinweis der Knickerbocker-Bande konnte ein Juwelendieb festgenommen werden. Er hat tatsächlich versucht seine Beute im Finsterbach-Moor zu vergraben, um sie später abzuholen und zu verkaufen.

Wer war nun aber der Juwelendieb? Herr Krausmann? War er von der Frau überrascht worden?

Oder war die Vogelforscherin in Wirklichkeit die Diebin und der Tierfotograf hatte sie überrascht?

Einer der beiden hatte nicht die Wahrheit gesagt. Das steht fest!

Krimi-Frage:
Wer von den beiden hat gelogen?

Wer knallt im Wald?

Lilo gähnte. Axel gähnte. Poppi gähnte, und Dominik gähnte ebenfalls. Und wenn sie ihre Futterluken aufrissen, hatten sie große Ähnlichkeit mit den Nilpferden im Tiergarten.

„Wir müssen die Müdigkeit in die Flucht schlagen", beschloss Lilo. „Kumpels, wir marschieren Frischluft tanken."

Gesagt – getan. Im Gänsemarsch setzten sich die vier Freunde in Richtung Wald in Bewegung. Sie wanderten, bis ihre Füße schmerzten und sie völlig erschöpft waren. Das war bereits nach 500 Metern der Fall, und deshalb ließen sie sich zum Verschnaufen mit einem lauten „Aaahhh" auf eine Bank am Wegesrand fallen.

Langsam klappten ihre Augenlider zu und sie dösten in der warmen Sonne ein. Doch nicht lange. Plötzlich peitschte ein Schuss durch die Luft. Die vier Knickerbocker sausten in die Höhe und schauten sich müde um.

„Da ist wahrscheinlich ein Ast abgebrochen", gähnte Axel.

„Unsinn", knurrte Dominik. „Ein Ast schreit nicht vor Schmerz." Er hatte nämlich ein jämmerliches Wimmern hinter einem Busch vernommen.

Vorsichtig schlichen die vier Junior-Detektive näher, um nachzusehen. Auf dem Waldboden lag ein riesiger Auerhahn, der den rechten Flügel von sich streckte und schauerlich schrie.

Als sich Poppi zu ihm runterbeugte, sprang jemand hinter einem blühenden Strauch auf und flüchtete mit großen Schritten. Es handelte sich um eine kleine Gestalt in einer schmutzigen Jacke, mit einer grünen Pudelmütze auf dem Kopf. In der Hand hielt der Waldkauz ein Gewehr.

„Haltet den Wilderer!", rief Axel und wollte ihm nachstürzen. Doch er kam nicht weit. Ein Mann mit lodengrüner Joppe fiel nämlich vom Himmel.

Die Knickerbocker-Freunde starrten ihn an, als ob er ein UFO wäre. „Ein Hochstand, über uns befindet sich ein Hochstand", erkannte Lieselotte. „Der Mann ist von der Leiter gesprungen."

Ohne ein Wort zu sagen, fing der Typ in der Joppe mit geschicktem Griff den Auerhahn ein und verarztete ihn. Danach wandte er sich an Axel, Lilo, Poppi und Dominik. Er lüftete den Hut und stellte sich vor: „Sebastian Lingman. Ich bin Oberförster und fahre demnächst aus der Lederhose! Seit einer Woche taucht der damische Wilddieb immer wieder auf und knallt daneben! Der Auerhahn ist bereits das vierte Tier, das er verletzt hat. Meine Frau pflegt sie alle wieder gesund. Aber so kann das nicht weitergehen. Heute hat der unverfrorene Kerl sich sogar unter meinem Hochstand versteckt, und ich Hirschkalb habe es nicht bemerkt!"

Poppi bot dem Förster ihre Hilfe an und transportierte mit ihm den Auerhahn zum Försterhaus. Die restlichen Knickerbocker beschlossen, dem Wilderer einen Knoten in den Gewehrlauf zu binden. Aber wie sollten sie ihm auf die Spur kommen?

„Wir durchstreifen ganz einfach die Gegend. Mit ein bisschen Schweineglück finden wir eine Spur!", schlug Axel vor. Lilo und Dominik waren einverstanden.

Die drei waren nicht einmal fünf Minuten gegangen, als sie ein kleines Zelt auf der saftigen, grünen Wiese einer breiten Lichtung entdeckten. „Hallo, ist da jemand drinnen?", fragte Lieselotte.

Es dauerte mehrere Sekunden, bis aus dem Zelt ein lautes Gähnen und Rascheln drang, der Zeltverschluss geöffnet wurde und ein Mann seinen Kopf herausstreckte. Er war sicher nicht älter als zwanzig und ziemlich klein. „Wer seid ihr und was wollt ihr? Zelten ist hier nicht verboten!", brummte der Mann verschlafen.

„Aber Jagen ist verboten!", meinte Dominik. Der Mann zuckte mit den Schultern. „Ich bin auch nicht zum Jagen hier, sondern zum Erholen."

„Wie lange schon?", wollte Axel wissen.

„Ist das ein Verhör oder was?", regte sich der Mann auf. „Mit wem habe ich es überhaupt zu tun?" Lilo stellte sich und die anderen vor, und der Mann nannte nun auch seinen Namen. „Ich bin Moritz Morschmeier und erst vor wenigen Stunden hier eingetroffen. Da ich total erschöpft bin, brauche ich Ruhe, Ruhe, nichts als Ruhe. Deshalb lasst mich jetzt endlich zufrieden!" Mit diesen Worten verschwand der Mann wieder in seinem Zelt.

„Ich glaube, der Mann ist der Wilderer", flüsterte Lilo den anderen zu. „Aber wir können es ihm nicht beweisen", meinte Dominik.

Lieselotte zwirbelte ihre Nasenspitze und überlegte kurz. „Es gibt eine Möglichkeit", sagte sie schließlich, „der Wilderer treibt sein Unwesen bereits seit einer Woche. Herr Morschmeier behauptet, erst heute sein Zelt aufgeschlagen zu haben. Falls er gelogen hat, können wir das auf einen Blick feststellen!"

PS: Moritz Morschmeier hatte gelogen. Ihm wurde sofort das Handwerk gelegt. Die Tiere waren vor ihm sicher und die Knickerbocker-Bande hatte einen neuen Fall gelöst.

KRIMI-FRAGE:
Wohin blickte Lilo?

Geheimzeichen

Früher wurden diese Zeichen hauptsächlich von Gaunern verwendet. Man nannte sie Zinken. Aber auch heute können sie dir sehr nützlich sein. Wir von der Knickerbocker-Bande verwenden sie oft. Einige Zeichen haben wir uns noch zusätzlich ausgedacht.

Kreis mit Pfeil weg = *Hau ab!*
Zackenlinie = *Bissiger Hund*
Durchgestrichener Kreis = *Essen gibt's hier*
Bett = *Hier kann man schlafen*
Pfeil nach unten auf Tür = *Vorsicht!*
Kreis mit zwei Pfeilen auf den Kreis = *Warte hier auf mich*
Kreis mit Art Lippen = *Ruf mich an*
Sichelmond = *Abends kommen*
Aufgehende Sonne = *Morgens kommen*
Runder Pfeil = *Diebstahl günstig*
Quadrat mit Punkt = *Vorsicht, Prügel!*
Kreis an Tür mit Pfeil in den Kreis = *Bin hier reingegangen*
Grünes K = *Hier war ein Knickerbocker*

Tipps für deine Knickerbocker-Bande

Jedes Mitglied sollte eine Farbe haben.
Zum Beispiel:
   Axel = *grün*
   Lilo = *rot*
   Poppi = *gelb*
   Dominik = *blau*

Wenn ihr ein Zeichen hinterlasst, dann immer nur in EURER Farbe. Eure Kumpels wissen dann sofort, von wem die Nachricht stammt.

Deshab immer Kreide in eurer Farbe bei euch tragen!

Klammer-Sprache

Bunte Büroklammern sind bestens für Botschaften geeignet.

Eine blaue Klammer auf Lilos Rucksack in der Schule bedeutet: *Komm so bald wie möglich zu mir* (= Dominik).

Zwei gelbe Klammern auf Axels Heft heißen: *Ich* (= Poppi) *brauche Hilfe*.

Alles klar? Die Farbe verrät, von wem die Botschaft stammt. Die Anzahl der Klammern sagt, was los ist.

Eine Klammer: *Komm so bald wie möglich zu mir.*
Zwei Klammern: *Ich brauche Hilfe.*
Drei Klammern: *Alles geschieht, wie vereinbart.*

Vier Klammern: *Ich habe heute keine Zeit.*
Fünf Klammern: *Dicke Luft bei mir zu Hause.*

Weitere Bedeutungen kannst du mit deiner eigenen Knickerbocker-Bande ausmachen.

Der
Sensations-Sessel

Dominiks Mutter verdrehte die Augen und hauchte: „Himmlisch, einfach himmlisch!"

Ihr Sohn wurde ungeduldig. „Mama, darf ich den Grund erfahren, wieso du wie eine Kuh die Augen rollst?"

Frau Kascha verzog ärgerlich den Mund und brummte: „Mein Sohn, du hast keinen Sinn für Romantik."

Dominik konnte nicht verstehen, was an verstaubtem, altem Gerümpel so romantisch sein sollte. Er stand mit seiner Mutter vor dem Schaufenster eines Antiquitätenladens und betrachtete einen schiefen, morschen, uralten Holzsessel. Es krachte, wenn man ihn nur anblickte. Sitzen konnte man bestimmt nicht mehr darauf.

„Dieser Stuhl stand früher in einer echten Ritterburg", schwärmte Frau Kascha. „Echte Ritter haben darauf gesessen und echte Burgfräulein. Ich hätte ihn zu gerne!"

Doch der Preis war unfassbar. Der altersschwache Sessel kostete so viel wie sieben neue samt Tisch und Teppich.

Trotzdem betrat Frau Kascha den Antiquitätenladen

und ließ sich das gute Stück vorführen. Dominik zog verstohlen seine Lupe heraus und begutachtete den Sessel.

„Finger weg!", riet er seiner Mutter. „Der Stuhl ist nicht wirklich alt, sondern eine Fälschung. Da gibt es keinen Zweifel!"

KRIMI-FRAGE:
Wie kam Dominik darauf?

Axels Krimi-Tagebuch

Die Knallkröte

Im Erdgeschoss des Hauses, in dem ich wohne, lebt Ludmilla Löffelmann, die den totalen Taubentick hat. Bei ihr piept es ständig. Sie hat nämlich nicht einen Vogel, sondern viele. Und das ist nicht frech, sondern wahr. Die alte Frau besitzt eine Wohnung mit Fenstern zum Hof und hat ein echtes Tauben-Restaurant eröffnet. Zum Leidwesen anderer Mieter füttert sie die gurrenden Tiere mindestens dreimal am Tag.

Deshalb ist unser Hof zum beliebtesten Taubentreff der Stadt geworden. Warum ich von ihr berichte, erfahrt ihr in Kürze.

Am 31. Dezember wollte ich einige Schulkollegen zu einer Mitternachtsparty einladen. Mit der elektrischen Buschtrommel (= Telefon) habe ich versucht, sie zu verständigen. Aber ohne Erfolg.

Ich habe mir den Zeigefinger wund gewählt, aber am anderen Ende der Leitung war immer nur hämisches Surren und Klicken zu hören. Beim 999. Wählversuch entdeckte ich Rindvieh endlich einen kleinen Zettel neben dem Hallophon. „Wegen dringender Leitungsreparaturen können Sie heute nur angerufen werden, aber nicht anrufen", stand darauf.

Ich schleuderte den Hörer auf die Gabel, dass es nur so krachte. Im selben Moment fiel im Hof ein Schuss. Ihm folgte ein schriller Schrei, der mir eine dreifache Gänsehaut über den Rücken jagte.

So schnell mich meine kurzen, aber flinken Beine trugen, rannte ich hinunter. Als ich die Hoftür aufriss, traf mich ein Speer mit voller Wucht in den Bauch.

Der Speer war der Stock von Ludmilla Löffelmann. Sie saß im Schnee und schimpfte lautstark: „Rotzbub, elendiger. Knallfrösche nach einer alten Frau werfen, das kannst. Aber sonst nur Schmalz im Hirn." Schluchzend fügte sie hinzu: „Meine armen Tauben so zu erschrecken. Wer weiß, ob sie jetzt wiederkommen!"

Als ich mich der alten Dame mit dem Taubentick nähern wollte, knallte sie mir einen Sack mit hartem Brot an den Kopf. Die Oma war noch ganz schön bei Kräften.

Verteidigungsreden waren zwecklos. Frau Löffelmann war von meiner Schuld fest überzeugt. Deshalb trat ich den Rückzug an und verständigte Frau Kehrmehr, die Hausmeisterin. Irgendjemand musste ja der alten Löffelmann wieder auf die Beine helfen.

Danach zog ich mich in meine Bude zurück und dachte nach. Kracher auf alte Damen zu werfen war mies. Die Knallkröte musste entlarvt werden.

Eines war mir bald klar: Der Böllerbubi hat den Knaller vom Fenster aus der Taubentick-Oma vor die Füße gepfeffert. Also verkriecht er sich in einer Wohnung, die Fenster zum Hof hat.

Das traf nur auf drei Wohnungen zu. Bei diesen presste ich den Daumen erbarmungslos auf die Klingelknöpfe. Wen immer ich aufstöbern konnte, dem stellte ich die Frage: „Was haben Sie (hast du) gemacht, als es im Hof gekracht hat?" Diese Antworten habe ich bekommen:

HERR VOGELSCHEUCH: „Ich habe mit meiner Schwester telefoniert, die mich ein paar Minuten vorher angerufen hat."
FRAU MURX: „Ich habe gerade Kuchenteig gerührt und bin so erschrocken, dass mir die Schüssel aus der Hand gefallen ist.
SEBASTIAN MURX (ihr Sohn): „In den Flimmerkasten gestarrt und fadisiert."
HERR LÄMMCHEN: „Ich habe meine Frau bei ihrer Freundin angerufen, damit sie endlich heimkommt und kocht!"
LILLI LÄMMCHEN (Tochter) „Ich habe meine Knallfrösche geordnet. Für die Silvesterparty."

Danach konnte ich die Knallkröte entlarven. In Wirklichkeit war es ein Vogelschreck, und er hatte es vor allem auf die Tauben abgesehen. Sie sollten aus dem Hof vertrieben werden.

Die Knallkröte hat sich bei Frau Löffelmann nicht entschuldigt. Dafür wird sie die gute Dame einmal die Woche besuchen. Ludmilla fühlt sich nämlich sehr einsam und widmet sich deshalb so emsig den Tauben.

KRIMI-FRAGE:
Wer war die Knallkröte?

Schließfach Nummer 1313

Axel liebte Erdnüsse. Nicht nur das, er war wild auf Erdnüsse. Eigentlich war er richtig verrückt nach Erdnüssen. Deshalb konnte er auch an keiner Erdnuss vorbeigehen, ohne sie aufzuessen.

Es war an einem Samstagabend. Dominiks Eltern – die bekanntlich Schauspieler sind – hatten die Freunde ihres Sohnes in das piekfeine Schlosshotel Schweinsgalopp eingeladen. Dort fand ein Wohltätigkeitsball zugunsten des Tierheims statt.

Axel, Lilo, Poppi und Dominik fühlten sich allerdings nicht sehr wohl. Die Jungen mussten ihre besten Anzüge tragen, und auch Lilo und Poppi waren in unbequeme, schicke Kleider gesteckt worden. Außerdem war im Schlosshotel alles äußerst fein und nobel, sodass sie sich nicht einmal zu husten getrauten. Alle Damen waren herausgeputzt wie die Christbäume und trugen schwere Klunker und teure Kleider.

Axel beschloss, sich mit Erdnüssen zu trösten. Er hatte nämlich hinter der Bar einen Automaten entdeckt, der für etwas Kleingeld Erdnüsse hergab. Gleich daneben befand sich eine Telefonzelle.

„Ich wiederhole", hauchte eine tiefe, raue Stimme, als

der Junge vorbeiging. Axel konnte nicht anders. Er musste stehen bleiben und lauschen. „Kurz nach Mitternacht wird das Licht ausgehen und im allgemeinen Trubel erhalte ich den Schlüssel zum Bankschließfach 1313. Ich lege den Schmuck, den ich geklaut habe, hinein und nehme mein Honorar heraus. 300 000 – wie vereinbart."

Axel schluckte. Das war unglaublich.

„Wieso kommt die Bestätigung für diesen Auftrag erst jetzt?", wollte die Stimme wissen.

Die Antwort konnte Axel leider nicht hören. Außerdem war es höchste Zeit zu verschwinden. Der Junge musste sofort seinen Knickerbocker-Freunden von der Sache erzählen.

„War ein Mann oder eine Frau in der Telefonzelle?", wollte Lilo wissen.

Axel zuckte mit den Schultern. „Weiß nicht ... die Stimme ... ich glaube, es war ein Mann. Aber es könnte auch eine Frau mit besonders tiefer Stimme gewesen sein."

„Und wie wird der Schlüssel übergeben?", fragte Dominik.

Abermals konnte Axel nur mit den Schultern zucken.

In dieser Sekunde erlosch das Licht im gesamten Hotel. Das Schloss lag im Finstern. Die Gäste schrien auf, und ein Tumult entstand. „Bitte bewahren Sie alle die Ruhe! Nur ein kleiner Kurzschluss!", versuchte sie eine Männerstimme zu beruhigen. Sie gehörte wahrscheinlich dem Hoteldirektor, der allerdings nur wenig Erfolg hatte.

106

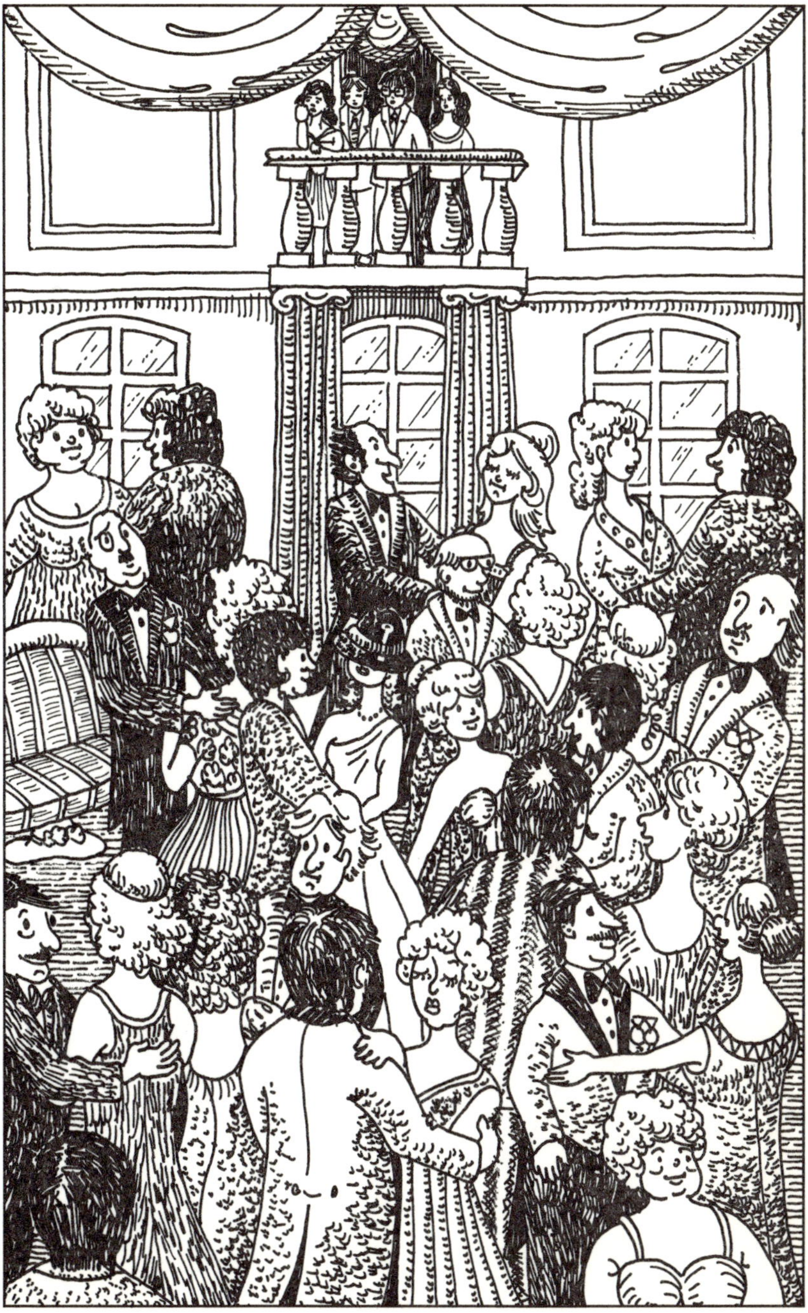

Nach zweiundzwanzig Sekunden flammten tausende Glühbirnen wieder auf. Ein erleichtertes „Ahhh" ging durch die Menge.

Hastig ließen die Knickerbocker-Freunde ihre Blicke über die Gäste des Wohltätigkeitsballes streifen. Die vier standen auf einem kleinen Balkon und hatten einen guten Blick auf den Saal.

Bald hatte Axel einen Verdacht. Auch Lilo fiel auf, dass bei einem der feinen Gäste etwas nicht stimmte.

KRIMI-FRAGE 1:
Betrachte zuerst nur Bild Nummer 1!!!
Fällt dir etwas auf?

KRIMI-FRAGE 2:
Nun vergleiche Bild 1 mit Bild 2.
Was hat die Frau vorher auf dem Kopf gehabt?
Wo ist es jetzt?
Und wer hat ihr den Hut aufgesetzt?

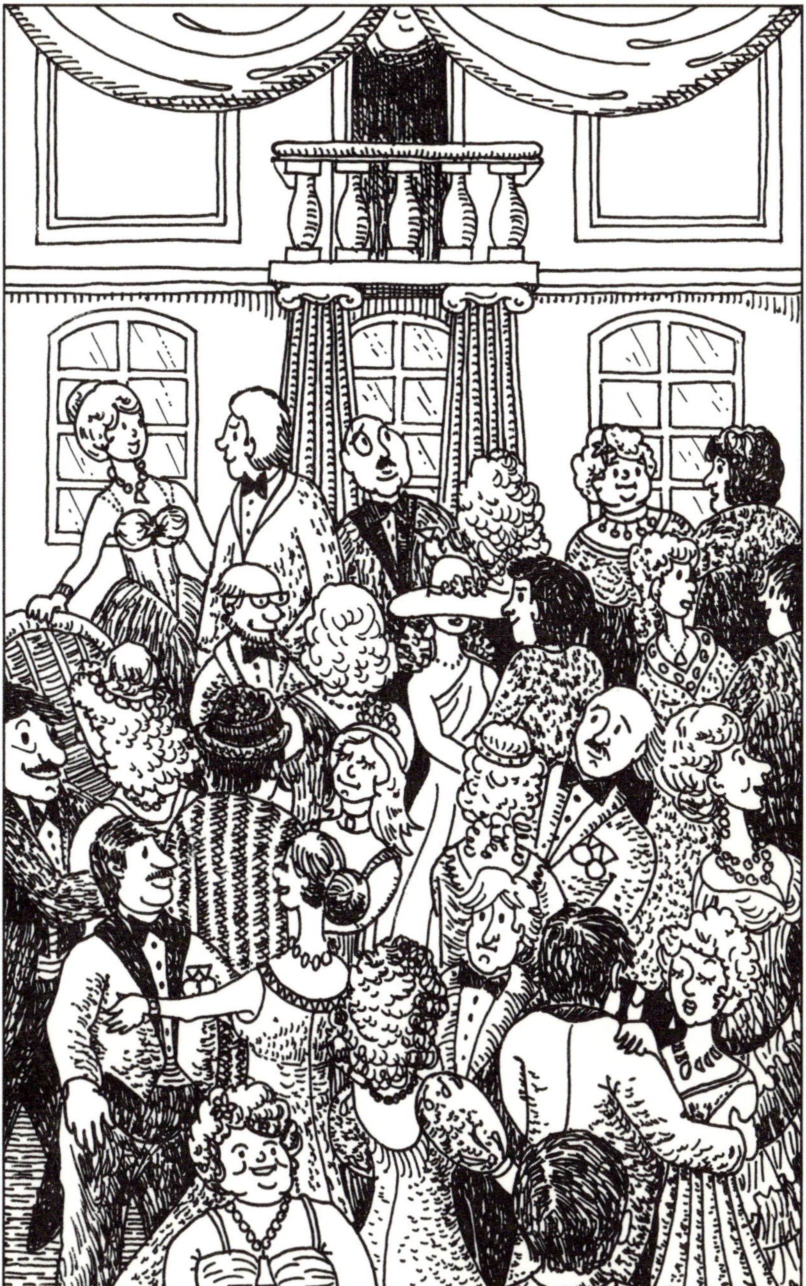

Klopfsprache

Die Klopfsprache hat uns oft geholfen. Einmal waren Axel und Dominik in ein Zimmer eingesperrt. Im Nebenzimmer saßen Poppi und ich – Lieselotte. Wir wurden von zwei Ganoven bewacht. Trotzdem ist es uns gelungen, den Jungen mitzuteilen, dass wir o. k. waren. Später haben uns die Gangster für kurze Zeit allein gelassen. Wir haben Axel und Dominik per Klopfsprache gefragt, ob sie bewacht würden. Ihre Antwort lautete NEIN! So konnten wir uns trauen, sie zu befreien, und gemeinsam ist uns die Flucht gelungen.

So funktioniert die Klopfsprache:
Jeder Buchstabe kann geklopft werden. Dazu musst du allerdings diese Tabelle auswendig lernen.

	1	2	3	4	5	6
1	A	B	C	D	E	F
2	G	H	I	J	K	L
3	M	N	O	P	Q	R
4	S	T	U	V	W	Z

Das K wird zum Beispiel so geklopft:
klopf-klopf ... kurze Pause ... klopf-klopf-klopf-klopf-klopf

Das B wird so geklopft:
klopf ... kurze Pause ... klopf-klopf

Also zuerst die Nummer seitlich und dann die obere Nummer klopfen. Zwischen den einzelnen Buchstaben längere Pausen lassen!

Als Antwort ist oft nicht notwendig, ein ganzes **JA** oder ein ganzes **NEIN** zu klopfen. Es genügt ein **J** und ein **N**. Damals, als wir gefangen waren, haben wir Folgendes geklopft. Verstehst du es?

LILO-POPPI:
4 klopf...5 klopf...2 klopf...3 klopf...3 klopf...
6 klopf...4 klopf...1 klopf...2 klopf...3 klopf...
3 klopf...2 klopf...1 klopf...4 klopf...2 klopf...
2 klopf...2 klopf...3 klopf...1 klopf...5 klopf...
3 klopf...6 klopf

AXEL-DOMINIK:
3 klopf...3 klopf...2 klopf...5 klopf

LILO-POPPI:
1 klopf...2 klopf...1 klopf...5 klopf...4 klopf...
5 klopf...1 klopf...1 klopf...1 klopf...3 klopf...
2 klopf...2 klopf...4 klopf...2 klopf

AXEL-DOMINIK:
3 klopf...2 klopf

Die Stachelschwein-Folter

SCHULFALL DOMINIK

In meine Klasse geht ein Junge, der den Spitznamen „Schrumpfi" hat. Auf seinen Schulheften steht Egon Willibald Gichtig, aber jeder in der Schule kennt ihn nur als Schrumpfi.

Trotz seiner vierzehn Jahre ist er überaus klein geraten und reicht mir nicht einmal bis zum vorletzten Hemdknopf. Das wäre ja nichts Schlimmes, schließlich zählt mein Knickerbocker-Kumpel Axel auch nicht zu den Riesen. Schrumpfi ist aber leider ein Schussel ärgster Sorte, der immer und überall dabei sein möchte. Er ist die reinste Nervensäge und fragt wie eine Plapperpuppe ununterbrochen: „Wohin geht ihr? Wann trefft ihr euch? Ich komme mit, was dagegen?"

In der Bank hinter ihm sitzen Mark und Michael, auch bekannt als „Doppel-M". Sie sind Zwillinge und unterscheiden sich nur durch ein Muttermal in Karottenform, das stolz neben Marks Riechorgan prangt.

Die beiden sind mit Abstand die großmauligsten Lackaffen an unserer Schule. Stets geschniegelt, geschleckt und geschnäuzt, halten sie sich für die absoluten Superstars. Sie finden alles „bombastisch, affengeil und gigantomanisch" – vor allem sich selbst. Und aus irgendeinem unerklärlichen Grund besitzen die Zwillings-Lackaffen eine Menge Fans.

Vor einigen Tagen haben Mark und Michael sogar Schrumpfi einen hochnäsigen Blick mit ihren Affenaugen zugeworfen.

Der kleine Westentaschen-Wichtigtuer ist gleich um 7 Komma 8 Zentimeter gewachsen.

„Du bist gar nicht so dämlich, wie alle sagen!", flötete Mark. „Und du kannst nichts dafür, dass in deinem Kopf nur ein Zettel liegt, auf dem ‚LEER' steht!"

Schrumpfi hielt das für ein Kompliment und wuchs um weitere 3 Komma 4 Zentimeter.

„Alle sagen, du bist eine Schießbudenfigur. Ich finde das nicht!", hauchte Michael. Grinsend fügte er hinzu: „Du passt viel besser ins Lachkabinett."

Der schusselige Egon schmolz bei diesen „Komplimenten" dahin wie ein Schneemann im Backrohr. Von diesem Moment an war auch er der größte Fan der schleimigen Schmalzbubis. Der dumme Dreikäsehoch merkte gar nicht, dass er für die beiden nur ein putziges Spielzeug war.

Das war am Vormittag.

Am Nachmittag gab es dann ziemlichen Stunk. Ich bin zum Leichtathletik-Training in die Schule gekommen und habe auf der Straße Schrumpfis Mutter getroffen. Sie war außer sich. Söhnchen war nämlich zur Futterzeit nicht erschienen. Ich habe ein paar Klassenkumpels antelefoniert und befragt, aber niemand hatte Schrumpfi seit Schulschluss gesichtet. Einigen war jedoch aufgefallen, dass er auch nicht im Schulbus herum-

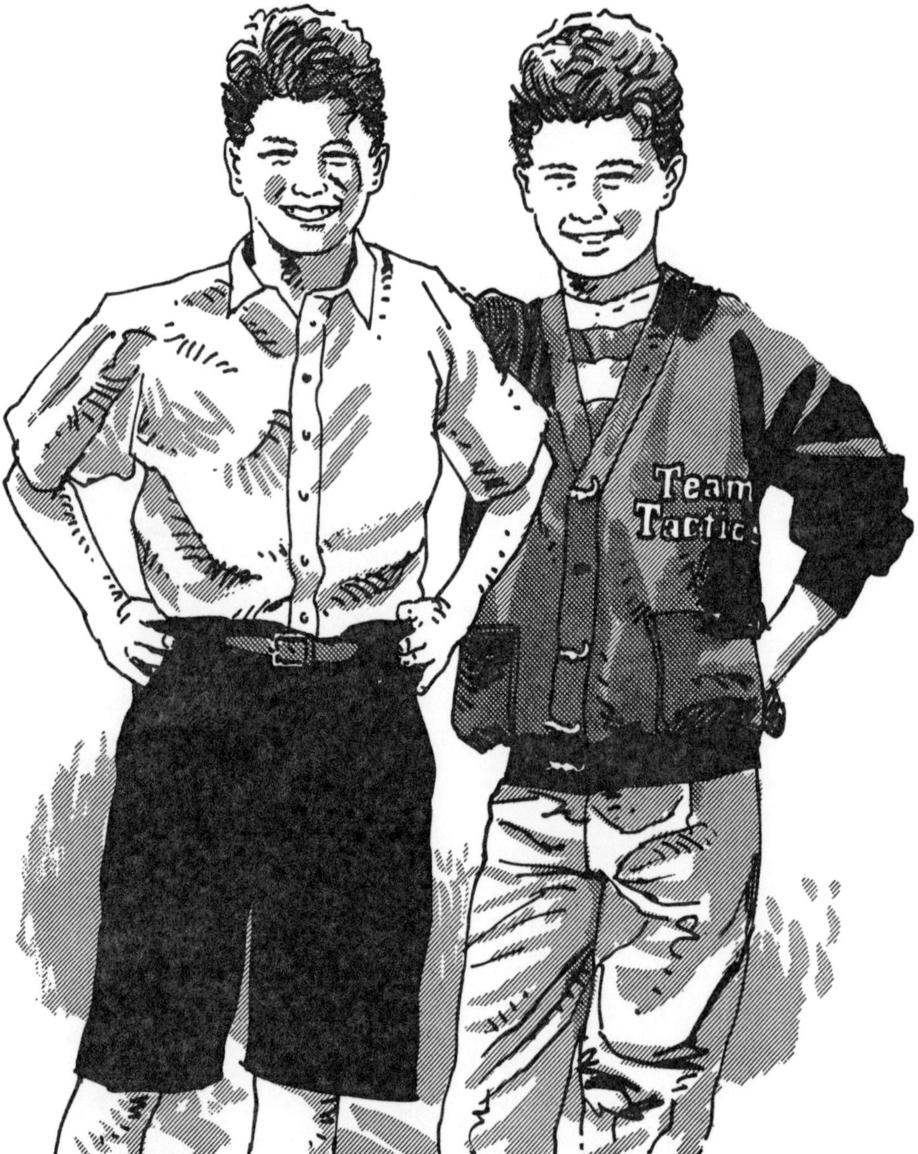
Team
Tactic

geschusselt ist. Deshalb startete ich mit einigen meiner athletischen Freunde die Suchaktion „Schrumpfi". Gesucht haben wir wie die Trüffelschweine. Drei Stunden lang. Mit Erfolg.

Er war in der Biologie-Sammlung. Dort hatte ihn jemand an das Stachelschwein gebunden. Und zwar so gemein, dass Schrumpfi sich nicht bewegen konnte. Wenn er die Arme nur einen Millimeter hob, bohrten sich auch schon die Stachelschwein-Stacheln in seine Hand!

Sein Bericht lautete so: „Die Zwillinge haben mir einen Zettel zukommen lassen. Darauf stand: ‚Geheimklub-Treff nach der Schule im Biokabinett!' Ich bin darauf hereingefallen und hingegangen. Plötzlich hat mich jemand in einer schwarzen Kutte überfallen. Er trug eine Maske vor dem Gesicht, aber ich bin sicher, es war einer der Zwillinge. Unter der Kutte habe ich nämlich seine weißen Turnschuhe Marke Superteuer gesehen. Blöderweise haben aber sowohl Mark als auch Michael diese Schuhe. Einer der beiden hat sich die Verkleidung aus der Garderobe hinter unserer Bühne geholt, mich fertig gemacht und an das Stachelschwein gefesselt!"

Schrumpfi hatte schon Angst gehabt, mit dem Stachelschwein übernachten zu müssen. Er bedankte sich mindestens 133-mal für seine Erlösung. Als wir die „Folterkammer" verließen, passierte es. Plötzlich lag ich der Länge nach auf dem Boden. Ich war auf einem Metallknopf in Krokodilform ausgerutscht. Wie kommt das Ding hierher?

Noch am selben Nachmittag haben wir die Zwillinge ein bisschen genauer gemustert und den Folterknecht entlarvt. Ich habe ihn vor die Wahl gestellt: entweder ein Nachmittag beim Stachelschwein oder eine CD als Wiedergutmachung für Schrumpfi. Der Täter hat sich für Letzteres entschieden.

KRIMI-FRAGE:
Wie hieß der Folterknecht?
Ein Tipp: Bild anschauen!

Pferdehof
in Gefahr

„Berni, komm da runter!", schimpfte Onkel Wolfgang. Berni war Poppis Cousin. Er hatte vor drei Wochen seinen vierten Geburtstag gefeiert, und im Augenblick schien ihn die Kletterwut gepackt zu haben. Er musste überall hinaufsteigen, um größer zu sein und eine bessere Aussicht zu haben. Jetzt stand er auf einem Holzstoß, der bereits bedrohlich wackelte.

„Berni, runter!", rief Onkel Wolfgang energisch.

Als der kleine Junge immer noch nicht hören wollte, stapfte sein Vater mit großen Schritten auf ihn zu und schnappte ihn am Kragen. Keine Sekunde zu früh. Die dicken, runden Holzscheite gerieten nämlich in Bewegung und rollten auseinander. Die Klettertour hätte für Berni ein böses Ende nehmen können.

„Bitte, bitte, nehmt mir den Quälgeist ab!", flehte Onkel Wolfgang die Knickerbocker-Bande an. Die vier Freunde verbrachten den Freitag, den Samstag und den Sonntag auf dem Reiterhof Monowitsch und versprachen, ein wachsames Auge auf den Jungen zu werfen.

„Tante Gundula kommt erst heute Abend aus der Stadt zurück, und ich muss jetzt auch weg. Ich habe einen Termin auf der Bank. Vielleicht sind wir schon bald Besitzer eines Ponyhofes." Poppis Onkel lächelte geheimnisvoll, aber seine Nichte wusste sofort, wovon er sprach. Nur einen Kilometer von seinem Reiterhof entfernt lag der Ponyhof Vogelsang. Allerdings besaß Frau Vogelsang, die Besitzerin, keine glückliche Hand. Ihre Ponys waren schlecht gepflegt und die Reitgäste blieben aus. Schon lange wurde gemunkelt, dass der Ponyhof bald verkauft werden müsste.

„Willst du den Ponyhof Vogelsang kaufen?", fragte Poppi neugierig.

Onkel Wolfgang verriet nichts. Er verabschiedete sich hastig, weil er in Eile war, und fuhr in seinem Geländewagen davon.

„Und was machen wir jetzt?", wollte Axel wissen.

„Wie wäre es mit einer Kutschenfahrt?", schlug Poppi vor.

Da Dominik nur ungern auf dem Rücken eines Pferdes saß, war er sofort einverstanden. Auch Lilo und Axel fanden die Idee gut. Berni war begeistert.

„Halt", sagte Lilo vor der Abfahrt. „Wenn wir wegfahren, ist niemand mehr hier."

Poppi winkte ab. „Keine Sorge, das macht nichts. Heute ist der Pferdehof Monowitsch geschlossen. Es wurden keine Anmeldungen für Reitstunden angenommen. Wir können ohne weiteres lange fortbleiben und erst am späten Nachmittag zurückkommen. Ich habe bereits einen Picknickkorb eingepackt!"

Das Mädchen kletterte auf den Kutschbock, seine Freunde und der kleine Junge nahmen auf den etwas harten Sitzbänken Platz, und dann ging es los. Zwei

Stunden lang kurvten die Knickerbocker-Freunde und Berni über die Landstraße, und während der ganzen Zeit begegnete ihnen nur ein einziges Auto.

Dummerweise machten sie dann aber Rast, und Berni hatte die großartige Idee, auf eine Tanne zu klettern. Dabei rutschte er ab und plumpste in einen Ameisenhaufen. Heulend kam er zu seiner Cousine gelaufen, die sich schleunigst mit ihm auf den Heimweg machte. Die Ameisen hatten den kleinen Jungen schlimm zugerichtet. Auf seinen Armen und Beinen zeigten sich große rote Flecken, die höllisch brannten und juckten.

Als sie auf dem Pferdehof Monowitsch eintrafen, parkte ein Jeep vor dem Wohnhaus. „Wem gehört der? Wer ist da gekommen?", wunderte sich Poppi.

Aus dem Stall kam ein müdes Wiehern, das in den Ohren der Pferdekennerin sehr alarmierend klang. Poppi öffnete die Stalltür und sah sich um. Entsetzt prallte sie zurück. Fast alle Tiere lagen im Stroh. Auf den ersten Blick war dem Mädchen klar, dass sie krank waren. Ihre Köpfe hingen schlaff zur Seite, ihr Atem war unruhig und flach, und manche hatten sogar Schaum vor dem Maul.

„Kind, gehörst du hier zum Hof?", fragte eine Männerstimme. Poppi blickte erschrocken auf und sah einen jungen Mann in ziemlich verdreckten Jeans und einer zerschlissenen Lederjacke aus dem hinteren Teil des Stalles kommen.

„Wer sind Sie?", wollte das Mädchen wissen.

„Ja, das hätten wir auch gerne erfahren!", sagte Lilo, die mit den anderen nachgekommen war.

„Emil ... ich heiße Emil. Emil Fuchshuber. Ich komme vom ‚Pferdemagazin'. Ihr wisst schon ... die große Pferdezeitschrift. Ich bin heute fast 300 Kilometer gefahren und erst vor ein paar Minuten angekommen. Aber es war keiner da. Und als ich im Stall suchte, habe ich die Katastrophe entdeckt."

„He, wieso hat dieses Pferd eine Nummer auf seiner Unterlippe?", wollte Axel wissen. „Diese Nummer haben alle Pferde des Reiterhofs Monowitsch", erklärte Poppi. „Sie wird den Tieren eintätowiert, um sie zu kennzeichnen. Aber das ist jetzt unwichtig! Ich muss den Tierarzt rufen. Axel, renn bitte zum Ponyhof und hol Onkel Wolfgang!"

Die Knickerbocker-Freunde stürmten aus dem Stall. Nun zählte jede Minute. „Berni, komm von dem Jeep runter!", rief Lilo entsetzt. Poppis Cousin hatte ein neues Klettergerät entdeckt und turnte auf der Motorhaube des Jeeps herum. „Komm, du musst auch noch versorgt werden!", stellte Lieselotte fest und schnappte den Jungen, der sofort laut zu heulen begann.

Zwei Stunden später trat der Tierarzt aus dem Stall und machte ein bekümmertes Gesicht. „Ich kann nur hoffen, dass sich alle Tiere erholen werden", sagte er.

„Was ist mit ihnen geschehen?", wollten die vier Knickerbocker erfahren.

„Vergiftet. Jemand hat die Tiere vergiftet! Der Täter ist sehr sorgfältig vorgegangen. Er hat ihnen die Giftpillen mit einem Blasrohr in den Hals gepustet. So mussten sie die Giftpillen schlucken!"

„Wer ist zu so einer Wahnsinnstat fähig?", murmelte Poppi.

„Wer ... dieser Emil!", rief Lieselotte. „Wo ist er eigentlich?"

Axel wusste die Antwort: „Weggefahren. Schon vor über einer Stunde. Er hat etwas von ‚schrecklichem Hof und schlecht geführt' gebrummt. Ich glaube, er wird nichts Gutes schreiben."

„Der Kerl hat die Tiere vergiftet!", verkündete das Superhirn. „Und jetzt ist er fort!"

„Keine Sorge, ich habe seine Autonummer notiert!", sagte Dominik und schwenkte seinen Taschencomputer, den er neuerdings immer bei sich trug.

„Aber wie kommst du darauf, dass er es war?", wollte Poppi wissen.

„Der Typ hat uns angelogen. Ganz einfach!", meinte Lieselotte.

Zwei Tage später war Emil Fuchshuber verhaftet. Er gestand die Tat sofort. Allerdings war er dazu angestiftet worden. Niemand anderer als Frau Vogelsang hatte ihm den Auftrag dazu erteilt. Sie wollte den Pferdehof Monowitsch vernichten. Doch es war ihr nicht geglückt! Alle Pferde konnten sich durch die schnelle Hilfe des Tierarztes erholen.

Ein voller Erfolg für die Knickerbocker-Bande!

KRIMI-FRAGE:
Wieso wusste Lilo,
dass Emil Fuchshuber gelogen hatte?

Das Alibi
im Tagebuch

„Es war Andreas, ich bin hundert Prozent sicher!", sagte Axel. Seine Knickerbocker-Freunde machten betretene Gesichter. Andreas ging in dieselbe Schule wie Axel und stand unter einem schlimmen Verdacht.

Seit einigen Tagen trieb ein Ladendieb in der Elektroabteilung eines großen Kaufhauses sein Unwesen. Bisher hatte er zwei Mini-Spielcomputer, zwei Funkgeräte und einen superteuren Discman mitgehen lassen.

Durch Zufall hatte Axel den Dieb am Vortag beim Stehlen beobachtet. Der nicht sehr groß gewachsene Mann trug einen dunklen Hut mit breiter Krempe, eine Sonnenbrille und einen langen Mantel. Von den Hosenbeinen war nur ein winziges Stück zu sehen gewesen, aber das hatte gereicht. Axels Blick fiel auf den unteren Rand der Jeans. Er war mit einem roten Stück Stoff verlängert.

Hosen dieser Art trug sein Schulkollege Andreas. Er wurde deswegen oft verspottet. Andreas hatte keinen Vater und seine Mutter war nicht wohlhabend. Deshalb wurden zu kurze Hosen von ihr mit bunten Stoffstreifen verlängert. Für neue war kein Geld da.

Axel hatte den Jungen nicht verpfiffen. Das Kaufhaus

hätte bestimmt sofort die Polizei geholt, und das hätte schlimme Folgen für Andreas gehabt.

Die Knickerbocker-Bande beschloss, mit dem Burschen zu reden. Erstens sollte er mit dem Stehlen aufhören und zweitens die geklauten Dinge zurückbringen.

Andreas war aber nicht zu Hause. Seine Mutter öffnete. Vorsichtig fragte Lilo: „Wissen Sie eigentlich, was Ihr Sohn den ganzen Tag lang macht?" Andreas' Mutter nickte. „Natürlich! Mein Sohn führt nämlich ein Tagebuch, in das ich hineinsehen darf. Ich war jetzt zwar ein paar Tage weg, aber durch das Tagebuch bin ich genau im Bilde."

Die Frau hatte auch nichts dagegen, dass die Knickerbocker einen Blick in das Tagebuch warfen. Vielleicht taten sie Andreas Unrecht und fanden darin ein perfektes Alibi.

Axel, Lilo, Poppi und Dominik beugten sich über das Buch und lasen folgende Eintragungen:

Montag, 12. April
Für Mathe-Prüfung gebüffelt. Konnte keine Minute weggehen. Verdammt. Heute wäre Fußballtraining gewesen.

13. April
Prüfung bestanden. Auf dem Fußballplatz gefeiert. Am Abend ferngesehen.

14. April
Schule, Hausaufgaben und dann Radfahren mit Klaus.

Gegen 18 Uhr nach Hause gekommen. Total k. o.! Dusche und fernsehen.

15. April
Mist! Habe Bio-Prüfung vergessen. Kann sie zum Glück in drei Tagen nachholen. Nun heißt es strebern.

16. April
Bio geht mir auf den Geist. Deshalb habe ich mir das Fahrrad von Egon ausgeborgt und bin ein wenig herumgegondelt. Am Abend weitergelernt.

17. April
In meinem Kopf wimmelt es von Ameisen und Mistkäfern. Über die werde ich nämlich geprüft. Kann alles. Habe dafür den ganzen Nachmittag gelernt. Prüfung morgen wird klappen.

18. April
Prüfung o. k.! Ab heute stehen drei Tage nur Fußball auf dem Programm. Endlich!

19. April
Mist! Hätte mehr trainieren müssen. Heutiges Fußballmatch total verhauen. Die anderen Kicker sind sauer auf mich.

20. April
Hört das Büffeln niemals auf? Die nächste Arbeit steht bevor. Englisch. Wird verdammt hart.

Lilo blickte ihre Kumpels an und sagte: „Wir knöpfen uns den Knaben vor. Das Tagebuch hat er nämlich nur für seine Mutter geschrieben. Es ist falsch!"

KRIMI-FRAGE:
Wieso?

Die Hunde fressende Pflanze

Die Horrorpflanze hatte viele dicke, fleischige, gelblich grüne Blätter, die wie riesige Zungen über den Rand des Topfes hingen. Ein kleiner schwarzer Pudel kam über den Gehsteig gelaufen und schnupperte an der seltsamen Pflanze. Als er sein Hinterbein heben wollte, kamen plötzlich grüne Ranken zwischen den Blättern hervorgeschossen, schlangen sich um den Hund und hoben ihn in die Höhe. Der Hund wimmerte und winselte und strampelte mit seinen Pfoten. Aber es half ihm nicht. Die Ranken beförderten ihn in die Mitte der Pflanze, wo sich eine orange-rosafarbene Nuss befand, die die Größe einer Mülltonne hatte. Die Nuss klappte in der Mitte auseinander und verschlang den armen Hund. Sie schloss sich wieder und die Hunde fressende Pflanze rülpste. Danach rollten sich die dünnen, grünen Fangschlingen wieder ein und warteten auf ihr nächstes Opfer.

Es ließ nicht lange auf sich warten. Bald tauchte ein junger Bernhardiner auf und trottete auf die tödliche Falle zu.

„Neiiiin! Niiiicht!", ertönte es schrill. „Weg! Weg! Nicht, Puffi!", brüllte ein Mädchen aus Leibeskräften. „Niiiicht!"

„He, Poppi, was hast du denn? Was ist los?", hörte das Mädchen eine bekannte Stimme. Poppi schlug die Augen auf und blickte in das verschlafene Gesicht von Lieselotte. „Ha...hallo, Lilo", stammelte Poppi. „Ich hatte einen Albtraum ... er war so schrecklich!" Sie streckte die Hand aus dem Bett und tastete nach ihrem Bernhardiner. Erleichtert atmete sie auf. Puffi lag noch da.

Die Knickerbocker-Freunde Axel, Dominik und Lieselotte waren über das Wochenende bei Poppi zu Besuch. Lilo schlief in Poppis Zimmer. Die Jungen teilten sich das Gästezimmer.

„Du, Lieselotte, ich muss dir was erzählen!", sagte Poppi leise. „Weißt du, ich habe nur so schrecklich geträumt, weil in den letzten drei Tagen sieben Hunde verschwunden sind. Alle in demselben Park. Dort steht seit einer Woche eine riesige Pflanze aus Kunststoff. Diese Pflanze ist eine Art Werbung für eine Blumenschau. Aber ... mir ... mir kommt sie unheimlich vor. Vielleicht habe ich deshalb geträumt, dass sie Hunde frisst!"

Lilo lächelte und strich ihrer Freundin über den Kopf. „Vergiss es, Poppi!", sagte sie. „Und schlaf weiter!"

Am nächsten Abend sah die Sache aber bereits ganz anders aus. Am Nachmittag war nämlich wieder ein Hund abhanden gekommen, ein Dackel, der Poppis Schulkollegin Bettina gehörte.

Die vier Junior-Detektive der Knickerbocker-Bande wollten keine Zeit verlieren. Gleich nach dem Abendessen fuhren sie in den Park, wo Bettinas Dackel und die anderen Hunde verschwunden waren. Sie liefen über den Spielplatz und bekamen dabei mehrere Farbflecken ab, da die Spielgeräte frisch gestrichen waren. Weiter ging es dann vorbei am Brunnen, bei dem an diesem Tag der Boden neu abgedichtet wurde, zur Wiese, die frisch geschnitten war und auf der sich die seltsame Plastikpflanze befand.

„Bettina hat mir erzählt, dass ihr Flo – so heißt der Dackel – wie immer über den Rasen getollt ist. Er war auch bei diesem Blumen-Pflanzen-Ungetüm und hat geschnuppert. Bettina ist weitergegangen, und als Flo nicht nachgekommen ist, hat sie sich umgedreht. Da war er weg. Spurlos verschwunden! Ich weiß, ihr haltet mich für einen Spinner, aber ich glaube, das hat wirklich mit der Pflanze zu tun", berichtete Poppi.

Axel sagte nichts, sondern marschierte zu dem rätselhaften grünen Ding, das tatsächlich unheimlich aussah. Es erinnerte den Jungen an die Fleisch fressenden Pflanzen aus Horrorfilmen. Axel umrundete den Sockel, der die Form eines Blumentopfes hatte, und schnupperte. Hier roch es nach Wurst. Der Junge zückte die Taschenlampe und leuchtete den Boden ab. Zu sehen war absolut nichts ... oder doch? ... An der Hinterseite des Sockels entdeckte der Knickerbocker eine schmale Spalte. Axel nahm sein Taschenmesser und steckte die Klinge in den Spalt. Er ruckelte ein wenig und hatte Erfolg. Eine Klappe sprang auf.

„He, kommt her!", rief der Junge seinen Kumpels zu. Gleich darauf lagen die vier Mitglieder der Knickerbocker-Bande auf dem Rasen und starrten in das Innere des Riesen-Blumentopfes. Lieselotte robbte durch die

Luke und kam schnell wieder zurück. Im Arm hielt sie einen Dackel. Der Körper des Tieres war schlaff und völlig kraftlos.

„Flo … das ist er … ist er tot?", fragte Poppi leise.

„Nein, er ist nur betäubt!", antwortete Lilo. Sie streichelte das schlafende Tier und meinte: „Poppi, du bist genial! Du hast fast schon die Lösung des Falles geträumt. Im Inneren dieser Plastikpflanze hat sich jemand versteckt. Wenn ein Hund sich nähert, wird die Klappe geöffnet und der Hund mit der Wurst angelockt. In der Pflanze wird er dann mit einer Spritze betäubt. Es liegen einige Hunde da drinnen."

Hinter der Knickerbocker-Bande knackte es in einem nahen Gebüsch. An den Geräuschen konnten sie erkennen, dass jemand aufsprang und flüchtete. Die Lichtkreise der Knickerbocker-Taschenlampen sausten suchend durch die Gegend. Wahrscheinlich hatten sie es mit dem Hundeentführer zu tun, der seine Beute im Schutz der Dunkelheit abholen wollte.

„Dort … dort beim Brunnen rennt der Mistkerl!", schrie Axel und sprintete los. Nur wenige Meter vor dem Parkausgang hatte er es dann geschafft. Er hob die Hand und schnappte den Saum einer schwarzen Lederjacke. Der Besitzer der Jacke drehte sich um und schlug Axel ins Gesicht. Es handelte sich um eine junge Frau, die alles daransetzte, den Jungen abzuschütteln.

„Hilfe! Ein Dieb!", schrie sie.

„Sie spinnen ja!", keuchte Axel. „Ich bin kein Dieb. Aber Sie sind die Hundeentführerin. Los, sagen Sie schon, was machen Sie mit den armen Tieren? Verkaufen Sie die Hunde weiter? Oder kommen Sie vielleicht sogar in ein *Versuchslabor*?"

Die Frau riss sich los. „Du kannst von Glück reden, dass ich dich nicht anzeige!", zischte sie Axel zu. „Ich habe mir im Brunnen die Hände gewaschen, als du auf mich losgestürzt bist. Du wolltest mich überfallen, du Dieb!" Dann wollte die Frau verschwinden, aber Axel hielt sie zurück. Zum Glück kam in diesem Augenblick ein Streifenwagen der Polizei. Axel gab ihm ein Zeichen anzuhalten und berichtete von der Entdeckung der Knickerbocker-Bande. „Diese Frau ist zweifellos die Hundeentführerin. Sie hat mich angelogen, weil sie den Verdacht von sich ablenken wollte", erklärte er den Polizisten.

Zwei Tage später stand ein ausführlicher Bericht darüber in der Zeitung. Die Frau hatte tatsächlich zehn Hunde entführt und wollte an ihnen ein selbst erfundenes Schlankheitsmittel ausprobieren. Für die Hunde hätte das schreckliche Bauchkrämpfe zur Folge gehabt.

Die Knickerbocker-Bande hatte wieder einmal ganze Arbeit geleistet!

KRIMI-FRAGE:
An welcher Stelle hat die Frau die Unwahrheit gesagt?

Der schöne Kicker und die Ganoven

Puffi entdeckte ihn als Erster. Puffi war Poppis Bernhardiner, mit dem die Knickerbocker einen ausgedehnten Spaziergang machten. Freudig bellend und wedelnd sprang der Bernhardiner um die zwei Jungen und die zwei Mädchen, bis er plötzlich die Nase in die Luft streckte und losstürmte. Die vier Junior-Detektive konnten ihm nur mit Mühe folgen. „Bleib stehen, Mistvieh!", schrie Poppi immer wieder, aber Puffi war nicht zu bremsen. Er stürmte durch ein Gestrüpp und einen Bahndamm hinauf. Erst dort hielt er an und begann laut zu kläffen. Sein Frauchen wusste genau, was diese Laute bedeuteten: Puffi hatte etwas entdeckt.

Es war eine schreckliche Entdeckung. Auf dem Wall aus Steinen und Erde lag bäuchlings ein Mann. Er trug einen äußerst schicken, hellgrünen Anzug und teure, geflochtene Lederschuhe, wie Dominik mit einem Blick feststellte.

„Ist er ... ist er tot?", fragte Poppi leise.

Lilo trat mit weichen Knien zu der zusammengekrümmten Gestalt und streckte widerstrebend die Finger aus. Sie hielt sie an die Nasenlöcher des Mannes und richtete sich erleichtert auf. „Er atmet!", meldete sie.

„Aber er braucht sofort einen Arzt. Axel, du bist der Schnellste von uns. Renn zurück und ruf einen Krankenwagen und die Polizei."

Axel machte sich augenblicklich auf den Weg, während die anderen bei dem Mann blieben. „He, den kenne ich doch!", stellte Dominik plötzlich fest. „Das ist Eddie Murry, der Fußballspieler. Der berühmte englische Fußballspieler, der in meiner Lieblingsmannschaft spielt!" Wegen seiner Vorliebe für schicke Klamotten wurde der Kicker auch oft „der schöne Eddie" genannt.

„Der Mann ist aus dem fahrenden Zug gesprungen. Da gibt es keinen Zweifel", überlegte Lilo laut. „Hier macht die Bahnstrecke eine Kurve, der Zug muss also seine Fahrt verlangsamen. Die Stelle ist sehr günstig!"

„Und wozu tut der Typ das?", fragte Poppi.

In Lilo tauchte ein Verdacht auf. Hatte sie nicht erst gestern einen Bericht über Eddie Murry im Fernsehen gesehen. Der Fußballer stand unter Verdacht, mit Rauschgift zu handeln. Es gab ein Foto, das ihn bei der Übergabe von heißer Ware auf einem Bahnhof zeigte. Allerdings war das Bild sehr unscharf und kein eindeutiger Beweis.

Dominik stand auf und lief ein Stück den Bahndamm entlang. Ungefähr hundert Meter von der Stelle entfernt, wo sie den verletzten Sportler gefunden hatten, entdeckte er zwei Koffer. Eddie musste sie vor seinem Absprung aus dem Zug geworfen haben. Beide Koffer waren aufgeplatzt, und ihr Inhalt lag verstreut in der Gegend herum. Auf einem Hemd entdeckte Dominik die Buchstaben EM. Sie waren in den Stoff gestickt und der eindeutige Beweis, dass die Koffer dem Fußballer gehörten. Doch dann entdeckte Dominik noch etwas: mehrere Säckchen mit weißem Pulver. Rauschgift! Die Gerüchte stimmten also. Für den Knickerbocker brach eine Welt zusammen. Er hatte Eddie Murry sehr bewundert. Dominik war ein großer Fan des Fußballstars.

Mit hängendem Kopf kehrte er zu seinen Freunden zurück. Leise berichtete er Lilo, was er entdeckt hatte.

Das Superhirn klopfte ihm aufmunternd auf die Schultern und meinte: Keine Bange, Dominik! Ich habe den starken Verdacht, dass mit Eddie ein böses Spiel getrieben wird. Ich bin aber auf jeden Fall sicher, dass er nicht aus dem Zug gesprungen ist, sondern hinausgestoßen wurde."

Dominik atmete erleichtert auf.

Eine Woche später wurde der Fußballer bereits wieder aus dem Krankenhaus entlassen. Als Dank für ihre Hilfe schickte er der Knickerbocker-Bande Eintrittskarten für alle Spiele seiner Mannschaft. Dazu noch Fußbälle, auf denen sämtliche Spieler unterschrieben hatten.

Noch eine Woche später wurden in einem gegnerischen Verein zwei Spieler festgenommen, die den Rauschgiftverdacht auf Eddie lenken wollten.

KRIMI-FRAGE:
Wieso wusste Lilo, dass Eddie aus dem Zug gestoßen wurde?

Der Geisterhund

Poppi war entsetzt. „Erschießen? Sie wollen den Hund wirklich erschießen?", fragte sie den Förster Elmer Rossmann mindestens zum zwanzigsten Mal an diesem Nachmittag.

„Ja!", rief Herr Rossmann gereizt. „Oder glaubst du, ich lasse mich noch einmal von ihm beißen? Das Tier ist gemeingefährlich! Es könnte genauso gut Kinder anfallen. Außerdem weiß ich bis heute nicht, wer sein Besitzer ist. Der Hund streunt. In der Nacht heult er auch manchmal wie ein Wolf. Es ist schaurig! Richtig gruselig. Für mich ist das Untier so etwas wie ein Geisterhund!"

Poppi bat ihre Knickerbocker-Freunde Axel, Lilo und Dominik um Hilfe. Sie hatte den Förster am Nachmittag besucht, um die zwei Rehe zu beobachten, die er zurzeit gesund pflegte. Bei dieser Gelegenheit hatte ihr Herr Rossmann von dem Geisterhund erzählt, der ihm bereits viermal im Wald begegnet war. Jedes Mal hatte das Tier den Förster angefallen und seine Hose zerfetzt.

„Ich will nicht, dass er den Hund abknallt", sagte Poppi leise. „Außerdem ist mir etwas aufgefallen."

„Was denn?", wollten die anderen drei Knickerbocker wissen.

„Herr Rossmann glaubt, der Hund streunt. Aber er beschreibt sein Fell als weiß und seidig. Das bedeutet, der Hund wird gepflegt. Er muss jemandem gehören!"

Lilo hatte eine Idee. „Wir fahren noch heute mit unseren Mountainbikes in den Wald. Herr Rossmann ist dem Hund doch immer an derselben Stelle begegnet, oder?"

Poppi bejahte. „In der Nähe der alten Jagdhütte, die schon seit Jahren leer steht! Aber es wird schon dunkel."

Davon ließ sich die Bande nicht abhalten. Nun kam es auf jede Stunde an. Die Knickerbocker-Kumpels befestigten Radlampen mit Batterien an den Lenkstangen ihrer Räder. Sie hatten keine Lust, den Geisterhund zu übersehen.

Als sie fertig waren, radelten sie los.

Jaaaauuuuuuuu! Schaurig schallte das Heulen des geheimnisvollen Hundes zwischen den knorrigen Baumstämmen. Je näher die Knickerbocker an die alte Jagdhütte kamen, desto gruseliger wurde das Jaulen.

„SO heulen Hunde ... wenn sie ... wenn sie ...", stammelte Poppi.

„Wenn sie was?", fragte Lilo.

„Wenn sie ... einen Toten bewachen!", flüsterte Poppi.

Den vier Junior-Detektiven wurde es mulmig. In dieser Nacht stand ihnen vielleicht noch einiges bevor.

„Ah!", schrie Dominik auf. Im Licht seiner Fahrradlampe glühten zwei große, runde, rote Augen auf. Sie gehörten zu einem weißen Hund, der die Zähne fletschte und drohend knurrte. Er hatte ungefähr die Größe und den bulligen Körper eines Bernhardiners. Dominik wagte sich vor Schreck nicht zu bewegen. Steif stand er da und starrte dem Hund in die Augen.

„Nein, tu das nicht, das macht ihn wild!", warnte ihn Poppi, die sich bei Tieren äußerst gut auskannte.

Der Junge wendete den Blick und entdeckte eine schlanke Gestalt in einem weiten Mantel, die hinter einem Baum hervortrat. Als sie der Lichtschein der Radlampen streifte, erkannten die Knickerbocker eine junge Frau. Sie hielt eine Leine in der Hand.

„Gehört der Hund Ihnen?", rief Poppi.

Die Frau lief zu dem Tier und schnappte es am Halsband. „Jaja", antwortete sie. „Das ist Xerxes. Er ist normalerweise lammfromm, aber manche Sachen machen ihn wild."

„Gehen Sie öfter mit ihm hier spazieren?", wollte Axel wissen.

„Ja", sagte die Frau. „Wieso?"

„Weil wir Sie warnen müssen. Nehmen Sie Xerxes immer an die Leine. Er hat bereits viermal den Förster fast gebissen. Seine Hosen hat er jedes Mal zerfetzt, und deshalb schießt Herr Rossmann das nächste Mal."

Die Frau schnaufte verärgert. „Dieser blöde Wald-Heini", schimpfte sie. „Er ist der einzige Förster der Welt, der rote Hosen trägt!"

Poppi kicherte. Das stimmte. Elmer Rossmann hatte tatsächlich eine Schwäche für rote Hosen.

„Rot macht Xerxes wild. Da kann ich überhaupt nichts tun. Richtet ihm schöne Grüße aus. Am besten, er

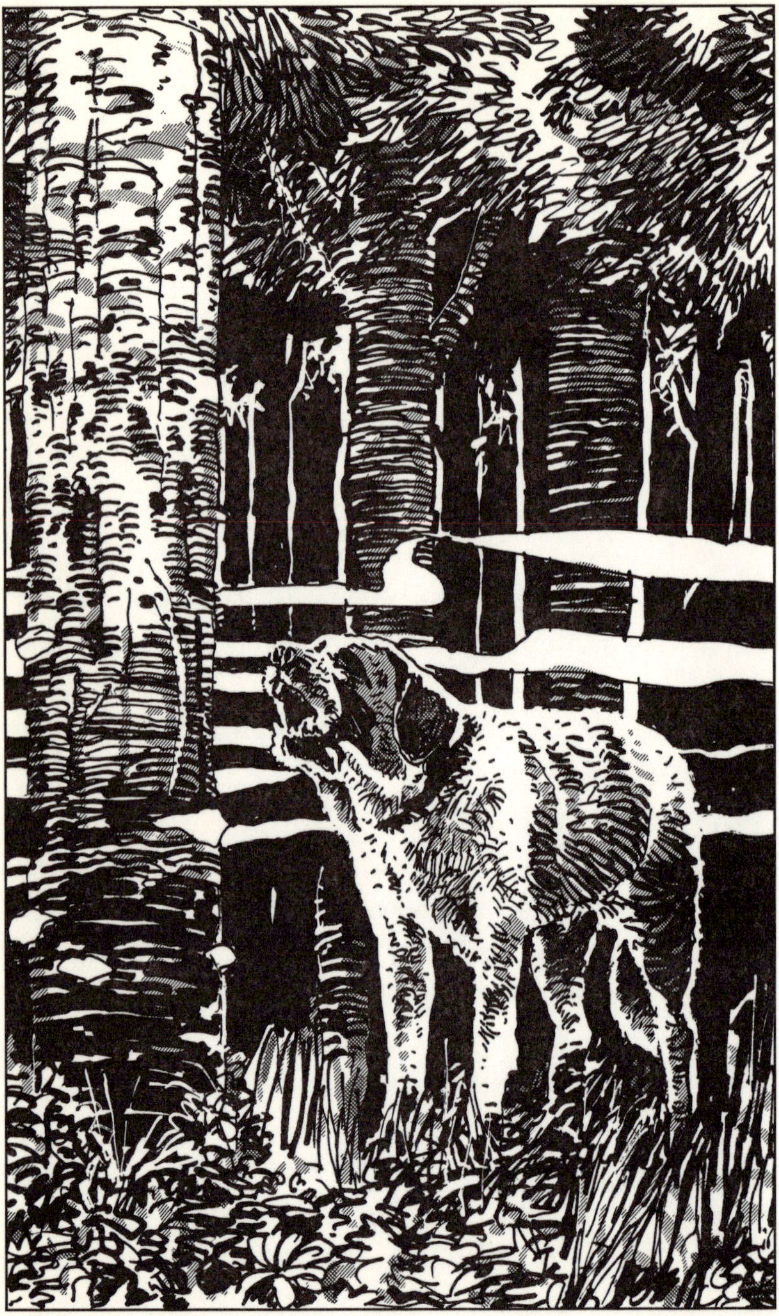

macht einen Bogen um diese Gegend hier. Dann werden wir einander nicht begegnen. Oder er zieht grüne oder blaue Hosen an! Komm, Xerxes!"

Ein Pfiff genügte und der große Hund trottete friedlich neben seinem Frauchen her.

Die Knickerbocker-Bande blickte den beiden nach, bis sie zwischen den Bäumen verschwunden waren.

Poppi schien nachdenklich. „Da stimmt was nicht", meinte sie leise. „Ich glaube, diese Frau benutzt den Hund, um alle Leute von der alten Jagdhütte fern zu halten. Er ist gut abgerichtet, jault auf Pfiff, bellt auf Pfiff, knurrt auf Pfiff und greift auf Pfiff auch an. Da bin ich ziemlich sicher."

„Aber was soll mit der alten Hütte schon los sein?", fragte Axel.

Die Junior-Detektive ließen einige Minuten verstreichen und schlichen dann zu dem morschen Holzhaus. Aus einem der Fenster fiel ein schwacher Lichtschimmer. Als sie näher kamen, begann Xerxes in der Hütte laut zu bellen. „Still, mach Pause!", hörten sie die Stimme der Frau. Die Bande hob die Köpfe und spähte in das Häuschen. Danach suchten sie schleunigst das Weite und verständigten die Polizei.

Die Hütte diente einer Diebsbande als Lager für die gestohlenen Sachen. Xerxes hatte die Aufgabe, alle unwillkommenen Besucher abzuschrecken. Poppi hatte Recht behalten.

KRIMI-FRAGE:
Wie kam Poppi auf diesen Verdacht?

Der Geheimzeichen-Bleistift

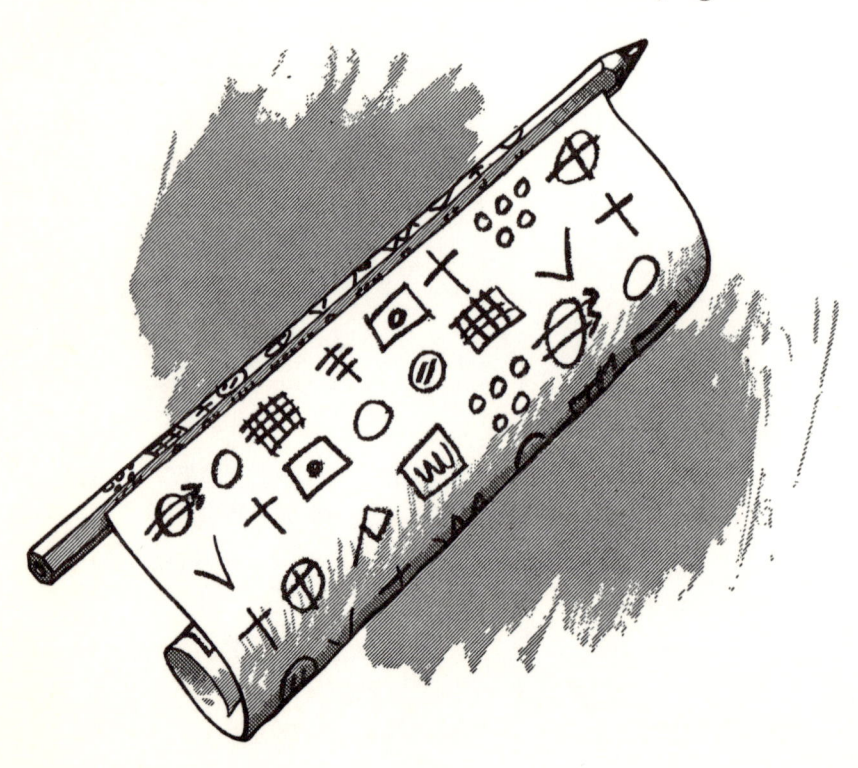

Die Idee zu diesem Trick hatte angeblich bereits der Herrscher Alexander der Große. Er soll seinen Verbündeten und Freunden Stäbe geschickt haben, auf denen die Geheimzeichen abgebildet waren. Wenn nun jemand von ihm eine verschlüsselte Botschaft erhielt, legte er sie über den Stab und verglich die Zeichen. Auf diese Art konnte er die Nachricht „übersetzen".

Bestimmt kennst du die unlackierten Naturbleistifte. Sie eignen sich bestens für einen Geheimzeichen-Bleistift. Auf das raue Holz mit Kugelschreiber oder Buntstift die Geheimzeichen und ihre Bedeutung schreiben.

Dein Geheimbrief wird am besten auf einen langen, schmalen Papierstreifen geschrieben. Diesen legt der Empfänger auf den Bleistift und schiebt ihn über die Zeichen. So ist das Übersetzen kein Problem.

ACHTUNG !!!

Geheimzeichen-Bleistift immer sehr gut aufbewahren! Er darf nicht in falsche Hände fallen!

Die Schwarze Möwe

Ein Schuss peitschte durch die warme Sommerluft. Erschrocken zuckten Axel, Lilo, Poppi und Dominik zusammen. Wer hatte hier geschossen und wieso?

„Das ist ein Tierschutzgebiet! Hier darf niemand schießen!", rief Poppi empört. Mit großen Schritten liefen die vier zum Rand der Klippen, denn der Schuss war vom Meer hergekommen. Sie blickten nach unten und erkannten zwei Leute am Strand. Beide trugen grellgelbe Regenjacken, da es ein besonders kalter und nasser Tag war. „Und jeder könnte unter seinem Regenmantel eine Pistole oder ein Gewehr versteckt haben", überlegte Axel laut.

Poppi wurde unruhig. „Ich will hinunter und wissen, wer die beiden sind!", drängte sie. „Falls einer von den beiden jagt, gehört er angezeigt und aus dem Tierschutzgebiet geworfen. Die Tiere, die hier leben, sind ohnehin schon selten genug!"

Ihre Knickerbocker-Freunde waren sofort dabei. Über eine steile Treppe mit sehr schmalen Stufen gelangten sie von der Klippe zum Strand.

„Hallo, Kinder!", rief eine fröhliche Frauenstimme. „Ist das nicht ein herrlicher Tag?" Eine mittelalterliche

Frau mit gelbem Regenmantel und hohen Gummistiefeln kam der Bande entgegen und winkte den Freunden grüßend zu.

„Herrlich? Finde ich nicht!", brummte Axel. „Sonne und Hitze sind mir lieber!"

Die Frau lachte. „Dir schon, aber die Pflanzen brauchen Wasser. Der Park, in dem ihr euch befindet, war ohnehin bereits sehr ausgetrocknet. Der Regen tut den Bäumen gut!"

„Was machen Sie hier unten?", erkundigte sich Poppi.

Die Frau warf die Arme in die Höhe und rief: „Ich atme Seeluft. Ich pumpe meinen Körper voll damit. Außerdem versuche ich schon seit einigen Tagen, die Schwarze Möwe zu sichten. Sie soll angeblich wieder hier sein!"

„Die Schwarze Möwe?" Lilo machte ein sehr erstauntes Gesicht.

„Die gibt es!", versicherte ihr die Frau. „Es ist eine Natursensation, eine ganz besondere Seltenheit. Einmal habe ich sie gesehen. Das ist aber einige Jahre her!"

Die Knickerbocker-Bande verabschiedete sich von der Frau. Axel hatte nämlich beobachtet, dass die zweite Regenmantel-Gestalt wegmarschierte. Die vier Freunde mussten ziemlich schnell laufen, um sie einzuholen.

Unter der breiten Kapuze steckte ein bärtiges Männergesicht, das die Junior-Detektive fragend und verwundert anblickte. „Ja, bitte?" Etwas anderes brachte der Mann nicht heraus.

„Haben Sie den Schuss gehört?" Poppi kam diesmal sofort zur Sache.

Der Mann zog die Augenbrauen hoch und sagte: „Ja ... wieso?"

„Weil wir wissen wollen, wer geschossen hat!", erklärte Axel.

Der Mann seufzte und meinte: „Das würde ich auch gerne erfahren."

Lilo hatte bereits die nächste Frage an ihn: „Was machen Sie eigentlich hier?"

Der Mann zog unter seinem Regenmantel einen Fotoapparat hervor. „Ich bin Tierfotograf", erklärte er. „Seht ihr die Sandbank dort im Wasser?" Die Knickerbocker blickten in die Richtung, in die der Mann zeigte. In ungefähr 50 Meter Entfernung sahen sie eine winzige Insel im Meer, auf der sich eine Möwenschar drängte. „Diese Sandbank habe ich heute fotografiert!"

Dominik, der sich sehr für Fotografie interessierte, wollte wissen, was sich dort bisher getan hatte. „Nichts", erwiderte der Mann etwas enttäuscht. „Heute hat es sich nicht gelohnt, dass ich mehrere Stunden auf einem Felsen gesessen und gewartet habe. Die Vögel sind die ganze Zeit nur dagehockt, sonst nichts!"

Ratlos blieben die Junior-Detektive am Strand zurück. Grübelnd starrte Lilo auf die Wellen, die zum Strand rollten und sich hier verliefen. „He, da ... die Schwarze Möwe!", wisperte Poppi. Im Zeitlupentempo umdrehen!" Axel, Dominik und Lilo taten es und sahen sie. Es gab sie tatsächlich, die Schwarze Möwe. Sie kam aus einer kleinen Höhle im Klippengestein getrippelt und schwang sich dann in die Luft.

Dominik war mit einem Mal sehr aufgeregt. „Ich denke, jemand wollte diese Schwarze Möwe abschießen. Ausgestopft bringt die Rarität bestimmt viel Geld. Und ich weiß auch, wer der Schütze gewesen ist!"

KRIMI-FRAGE:
Wen verfolgen die Knickerbocker?

So tarnst du dich!

Tarnen bedeutet: Du veränderst dein Aussehen, damit du nicht sofort erkannt wirst und unauffällig nachforschen kannst.

Sich zu tarnen ist nicht schwierig. Geh ins Badezimmer, schau in den Spiegel und mach nur dein Haar nass. Nun kämme es so, wie du es nie frisieren würdest.

Hier siehst du zum Beispiel Axel mit veränderter Frisur.

Trägst du sonst nie eine Brille, dann verwende für deine Tarnung eine Brille.

Axel hat immer eine Sportkappe auf dem Kopf. Für seine Tarnung tauscht er sie gegen eine Pullmannkappe oder er trägt überhaupt nichts auf dem Kopf.

Deine Tarnungskleidung muss dir passen, sonst fällst du damit sofort auf. Wähle keine Sachen in knalligen Farben. Je unauffälliger, desto besser.

Wenn du dich fertig angezogen hast, wirf einen strengen Blick in den Spiegel. Passt alles zusammen? Bist du eine andere Person?

Bedenke, dass andere Leute auch anders gehen.

Axel schlendert immer lässig und locker. In seiner Tarnung geht er steif und hält sich so gerade, als hätte er einen Besen verschluckt. Diesen Gang muss er natürlich durchhalten!!!

Eine Tarnung ist nicht nur eine Verkleidung. Sie muss zu dir passen! Man muss den Eindruck haben, dass du immer so aussiehst und dich immer so kleidest. Sonst fliegt die Tarnung auf!

Wirbel um Sturmwind

„Kennst du die Sternwarte am Schwarzen See?", fragte Poppi. Sie war sehr aufgeregt. Vor zwei Minuten hatte sie ihre Knickerbocker-Freundin Lilo angerufen und ihr eine Sensation mitgeteilt: „Du erinnerst dich an Sturmwind?", hatte sie gefragt. Natürlich erinnerte sich Lieselotte an dieses Pferd. Es war vor drei Wochen vom Reiterhof Monowitsch, der Poppis Onkel gehörte, verschwunden. Die Junior-Detektive hatten damals viele Stunden nach dem Pferd gesucht, doch nichts gefunden. Eines allerdings wussten sie: Das Pferd war nicht aus der Koppel ausgebrochen, sondern entführt worden. Die Reifenspuren eines Pferdetransporters waren der eindeutige Beweis. Aber wer war der Dieb und wo hatte er das Pferd hingebracht?

„Bist du sicher, dass du Sturmwind gesehen hast?", fragte Lilo bereits zum dritten Mal.

Poppi atmete hörbar durch. „Natürlich! Er steht auf einer Weide, ungefähr 500 Meter von der Sternwarte entfernt. Wir haben heute einen Schulausflug dorthin unternommen und sind an Sturmwind vorbeigefahren. Bitte trommle die anderen zusammen. Wir müssen hinfahren! Morgen ist Samstag! Bitte!", flehte Poppi.

Sturmwind war ihr Lieblingspferd. Er war zwar viel zu wild für Poppi, und reiten konnte sie ihn nicht. Doch sie hatte ihn sehr, sehr gerne.

Lieselotte willigte ein. Allerdings war es sehr weit zum Schwarzen See. Die Knickerbocker-Freunde mussten mit der Bahn und dem Bus fahren, um die Koppel zu erreichen, und die Reise dauerte über drei Stunden.

Nun standen sie an der hölzernen Umzäunung der Weide und betrachteten prüfend das schwarze Pferd.

„Sturmwind!", rief Poppi, worauf sich der Hengst sofort in Bewegung setzte und zu ihr trabte. Glücklich streichelte das Mädchen über seine warme, weiche Schnauze.

„Poppi ... wir brauchen mehr Beweise", meinte Axel. Es ist zu wenig, dass er auf seinen Namen hört!"

„Woran hast du ihn eigentlich erkannt?", wollte Dominik wissen.

„An seinem Kopf und seinem Gang!", erklärte Poppi.

Lilo seufzte schwer. „Poppi, das sind alles keine deutlichen Erkennungsmerkmale. Das genügt mir einfach nicht!"

„Ihr haltet mich wohl für reichlich blöde", knurrte das Mädchen. „Aber ich bin heller in der Birne, als ihr denkt!" Sie zog ein Foto aus ihrer Jeanstasche. Es zeigte Sturmwind auf einer verschneiten Wiese.

„Das ist eindeutig NICHT Sturmwind!", sagte Axel bestimmt.

„Auf dem Foto? Doch!", protestierte Poppi.

„Auf dem Foto vielleicht, aber nicht auf der Weide. Wir hätten uns die lange Fahrt sparen können. Ich wäre viel lieber schwimmen gegangen!", brummte der Junge missmutig.

Poppi verglich den Hengst mit dem Tier auf dem Foto und ... schluckte. Sie musste Axel Recht geben. Der echte Sturmwind hatte mehrere weiße Flecken. Einen auf dem Hals und zwei auf den Fesseln. Das Pferd, das vor ihr stand, war kohlrabenschwarz.

„Vielleicht ... vielleicht wurden die Haare gefärbt?", meinte Poppi.

Dominik verzog spöttisch den Mund. „Jaja, ein Pferd beim Frisör. Das gibt es doch nicht. Davon habe ich noch nie gehört!"

Lilo zwirbelte ihre Nasenspitze. Ein Zeichen dafür, dass sie angestrengt überlegte. „Unmöglich ist es aber auch nicht. Der Dieb hat natürlich versucht, alle sichtbaren Erkennungszeichen von Sturmwind zu entfernen. Ein bisschen schwarze Haarfarbe hat dazu schon gereicht." Lieselotte betrachtete das Foto lange und sehr eingehend. Dann musterte sie den Hengst.

„Doch ... ich glaube nun auch, dass es sich um Sturmwind handelt!", verkündete sie. „Es gibt ein besonderes Kennzeichen, das beide haben und das kein Zufall sein kann."

Poppis Verdacht bewahrheitete sich. Das Pferd war der lange gesuchte Sturmwind. Der Besitzer der Koppel hatte bereits mehrere Pferde auf die gleiche Art entführt und gestand seine Taten.

Sturmwind und die anderen Tiere kehrten zu ihren richtigen Besitzern zurück.

KRIMI-FRAGE:
Woran hat Lilo Sturmwind erkannt?

Die Horror-Hornisse

Die vier Knickerbocker-Freunde unternahmen eine Tour auf ihren Mountainbikes. Ihr Ziel war das Schlosshotel Eibenhof, da es dort das beste Bananensplit der Umgebung gab.

Axel, Lilo, Poppi und Dominik bogen gerade in einen engen Waldweg ein, als hinter ihnen ein langer, hoher, schriller Schrei ertönte, der durch Mark und Bein ging. Axel bremste vor Schreck so schnell, dass seine drei Knickerbocker-Kumpels in sein teures Fahrrad krachten. Es klirrte und quietschte, und auf dem Waldboden lag ein Berg, der aus vier Mountainbikes und vier Junior-Detektiven bestand.

Wieder schallte der Schrei laut durch die Luft. Lilo sprang auf und sah sich suchend um. „Dort ... da, auf der anderen Seite der Straße!", rief sie. Ihre drei Freunde drehten die Köpfe und entdeckten ein romantisches, kleines, weiß gestrichenes Häuschen. Vor jedem Fenster hing ein Blumenkistchen, in dem es blühte und sprießte, und neben dem Gartentor parkte ein flotter, teurer Sportwagen.

„Wer ... wer wohnt da?", fragte Poppi leise.

Als Antwort erhielt sie nur ein Achselzucken. Soviel

Dominik wusste, hatte das Häuschen bis vor kurzem leer gestanden.

Die Bande überquerte die Straße und blickte über den Zaun. „Hallo ... hallo, ist da wer? Brauchen Sie Hilfe?"

„Da", flüsterte Dominik, „ein Zwerg ... in der Wiese liegt ein Zwerg!"

Axel räusperte sich lautstark und begann zu knurren. Er war selbst nicht gerade groß und konnte Ausdrücke wie „Zwerg" oder „Stummel" oder „Schrumpfkopf" nicht leiden.

Dabei hatte sein Kumpel nicht Unrecht. In der Wiese lag tatsächlich ein besonders kleiner Mann. Wie ein Maikäfer lag er auf dem Rücken und hielt sich stöhnend die angezogenen Beine. Lieselotte war klar, dass da etwas nicht stimmte. Sie öffnete das Gartentor und trat ein.

Dankbar blickte ihr der kleine Mann entgegen. „Kinder, euch schickt der Himmel", keuchte er. „Seid vorsichtig, sehr vorsichtig, aber ruft auf der Stelle Maximilian Mustang an."

Die vier Knickerbocker-Freunde grinsten verlegen. „Äh ... wie bitte?", fragten sie.

„In meinem Haus ist eine Horror-Hornisse aufgetaucht. Das ist ein dicker Brummer, dessen Stich für einen Menschen tödlich sein kann. Für einen kleinen Menschen wie mich ist die Gefahr doppelt so groß!"

Poppi war entsetzt. „Ist die Horror-Hornisse ... weggeflogen?", fragte sie vorsichtig.

Der Mann machte ein zweifelndes Gesicht. „Ich weiß es nicht. Mich hat auf jeden Fall die Panik gepackt. Ich

153

bin quer durch das Haus vor der Hornisse geflüchtet. Aber die Bestie hatte es eindeutig auf mich abgesehen. Sie ist mir ständig nachgeflogen. Schließlich wusste ich keinen anderen Ausweg mehr, als aus dem offenen Fenster zu springen. Dabei habe ich mir aber leider an dem Tischchen, das im Wohnzimmer genau vor dem Fenster steht, mein Bein angeschlagen. Der Schmerz war höllisch. Ich habe den Bruchteil einer Sekunde nicht aufgepasst, das Gleichgewicht verloren und bin ins Freie gestürzt. Dabei habe ich mir das zweite Bein verstaucht. Deshalb müsst ihr Maximilian Mustang anrufen. Meinen Boss. Es ist unmöglich, dass ich heute reite!"

Dominik nickte. „Sie sind also Jockey!", stellte er fest.

Der Mann gab ihm Recht. „Ich heiße Mike Mustang. Maximilian ist mein Onkel. Er wird entsetzt sein, dass ich heute beim Galopprennen nicht dabei bin. Unser Pferd Sturmfeuer hätte bestimmt gewonnen."

Axel lachte. „Pferde sind meistens versichert. Sind das Jockeys auch?"

Mike runzelte die Stirn. „Gute Frage ... könnte schon sein!"

Lilo sah nun ein kleines Problem. „Das nächste Haus, in dem es ein Telefon geben könnte, liegt drei Kilometer entfernt. Das ist zu weit. Wir müssen also von hier aus telefonieren."

Poppi war von der Idee nicht begeistert. „Aber die Horror-Hornisse ..."

„Zieh dein T-Shirt aus", befahl Lieselotte Axel. Etwas verwundert tat es der Junge. Lilo streifte es sich über den

Kopf und meinte: „Wäää ... das stinkt. Aber es schützt mein Gesicht vor dem Mörder-Insekt ... falls es noch im Haus ist."

Die anderen drei warteten draußen, während das Superhirn der Bande sich auf den Weg zum Telefon machte. „Es steht im Wohnzimmer!", rief ihr der Jockey nach.

Lilo setzte Fuß vor Fuß. Sie lauschte ständig, ob nicht irgendwo ein verdächtiges Brummen oder Surren ertönte. Aber in dem Häuschen herrschte Stille. Die Horror-Hornisse schien abgeflogen zu sein.

Bald hatte Lieselotte das Wohnzimmer erreicht. Sie hob den Hörer ab, und Mike rief ihr von draußen die Telefonnummer seines Onkels zu. Während das Mädchen mit ihm redete, sah es sich im Zimmer um.

Nachdem es aufgelegt hatte, ging es in den Garten und blickte nicht gerade freundlich. „Was ist?", wollten seine Kumpels erfahren.

„Dieser Mann hat uns angelogen", verkündete Lilo.

Mike zuckte zusammen, als wäre er von drei Horror-Hornissen gleichzeitig gestochen worden.

„Ich wette, es gibt diesen Mörderbrummer gar nicht. Sie haben alles nur vorgetäuscht und sich hier ins Gras gelegt. Als wir vorbeigefahren sind, haben Sie geschrien. Es sollte alles sehr echt wirken. Vier harmlose Kinder sind gute Zeugen, die alles glauben. Ich wette, Sie wollten heute nicht reiten und dafür ein wenig Geld von der Versicherung kassieren."

Mike Mustang wurde die Sache unheimlich. „Wer ... wer seid ihr?", wollte er wissen.

„Die Knickerbocker-Bande!", riefen die vier im Chor.

Ein Name, den sich der Jockey noch lange merken sollte.

KRIMI-FRAGE:
Was hat Lilo auf diesen Verdacht gebracht?

Ganz grün
im Gesicht

Still und leer war das Schulhaus um diese Tageszeit. Oder besser gesagt: um diese Nachtzeit. Der hintere Eingang bei den Turnsälen war wie immer nicht abgesperrt. Der Schulwart hatte es vergessen.

Der nächtliche Besucher der Schule war sehr froh darüber. Er schlüpfte durch die Tür, huschte über die Gänge und schlich in das Lehrerzimmer. Mit wenigen Handgriffen hatte er seinen Plan durchgeführt und grinste zufrieden. „Die miesen Pauker werden sich morgen winden und krümmen. Und übermorgen vielleicht auch noch. Und möglicherweise auch nächste Woche noch. Auf keinen Fall werden sie herausfinden, wieso sie ganz grün im Gesicht waren. Das ist die Rache dafür, dass sie meine Eltern in die Schule gerufen und sich über mich beschwert haben. Nur deshalb habe ich das Moped nicht bekommen, das mir Papa versprochen hat!"

Der Plan ging auf. Am nächsten Tag, nach der vierten Stunde, war vier Lehrern speiübel. Sie waren zwar nicht grün, dafür aber käseweiß im Gesicht. Schreckliche Bauchkrämpfe quälten sie und der Arzt wurde gerufen. Er stellte bei allen vieren eine leichte Vergiftung fest, die durch ein Gift hervorgerufen wurde, das die Lehrer zu sich genommen haben mussten. Entweder in einem Getränk oder in einer Speise. Niemand konnte sich erklären, was es gewesen sein könnte.

Als Dominik von der Vergiftung erfuhr, erwachte in ihm das Spürfieber. Nein, Zufall waren die Bauchkrämpfe keine. Er war fest davon überzeugt, dass jemand versucht hatte, die Lehrer zu vergiften. Der Knickerbocker wusste auch einen Weg, wie er mehr über die Sache herausfinden konnte. Er bat den Direktor um die Telefonnummern der Pauker. „Vielleicht befindet sich das Gift noch immer irgendwo und auch andere Lehrer kommen damit in Berührung", erklärte er. Der Direktor sah das ein und vertraute dem Jungen die Telefonnummern an.

Der Junior-Detektiv führte vier Gespräche und notierte alles ganz genau. Danach setzte er sich mit seinen Knickerbocker-Kumpels Lilo, Axel und Poppi in Verbindung. Er allein fand nämlich nicht heraus, womit oder wodurch die Lehrer vergiftet worden waren. Es war Poppi, die schließlich die heiße Spur entdeckte. Das Gift war tatsächlich dort, wo sie es vermutete.

Hier die Aussagen der Lehrer:
1. Klaus Bauer, unterrichtet Biologie. Er hat an diesem Vormittag in der 1a, der 1b, der 7b und der 8c unterrichtet. Er hat im Konferenzzimmer Kaffee getrunken und dazu eine Semmel gegessen, die er am Schulbuffet erstanden hat. In der 9-Uhr-Pause hat er zwei der gefürchteten blauen Briefe zugeklebt und fertig zum Verschicken gemacht. In diesen Briefen wird Eltern mitge-

teilt, dass ihre Kinder durchfallen werden. Das „Blaue" an dem Brief ist der Umschlag.

2. Katrin Kienzl, unterrichtet Englisch. An diesem Vormittag in der 1b, der 2a, der 2c und der 7b. Sie hat Kaffee getrunken und drei Benachrichtigungen an Eltern verschickt. Auf ihrem Platz im Lehrerzimmer lag ein Stück Konfekt, das sie gegessen hat. Der Spender ist unbekannt.

3. Giesela Löslig, unterrichtet Latein (nicht sehr beliebt). Sie hat nur zwei Stunden unterrichtet. In der 8c und der 7b. In der großen Pause hat sie Kaffee getrunken und zwei Semmeln vom Schulbuffet verdrückt. Sie hat neun blaue Briefe abgefertigt, da es der letzte mögliche Tag dafür war. Außerdem hat sie eine Schularbeit vorbereitet und die Aufgabentexte auf dem Kopierer vervielfältigt.

4. Roland Ganser, unterrichtet Deutsch. Er hat nur eine Stunde gehalten. In der 8c. Außerdem musste er Schularbeitshefte korrigieren und eine weitere Schularbeit vorbereiten. Hat seine Kollegin Löslig am Kopierer getroffen. Er hat viele Tassen Tee getrunken und zum Glück nur einen blauen Brief verschickt. Vom Schulbüfett hat er sich Semmeln, ein Tafel Schokolade und ein Stück Kuchen geholt.

KRIMI-FRAGE:
Wo war das Gift versteckt?

Der Giftgeier

„Grinsen! Wenigstens grinsen soll es! Kann dieses dämliche Pferd nicht grinsen?", tobte Frau Qualle.

„Bitte, Frau Qualle, das ist kein Pferd, sondern ein Pony! Das erkennt doch jeder an den langen Ohren!", verbesserte sie Dominik. Frau Qualle stöhnte auf, rang die Hände, streckte sie zum Himmel hinauf und flehte übertrieben: „Könnte irgendjemand diesem Horrorknaben den Mund stopfen? Ich ertrage seine Kommentare nicht mehr!"

Dominik hatte genug. Er rutschte vom Rücken des Ponys, auf dem er saß, stopfte die Hände in die Hosentaschen und stapfte davon.

„Reg dich bitte ab, Dominik. Das war nicht so gemeint!", schrie ihm Frau Qualle nach. Sie war die Regisseurin der neuen Fernsehserie, in der Dominik eine Hauptrolle spielte. „Trubel in der Tierklinik" lautete der Titel, und Dominik war der Sohn des Tierarztes.

„Nun zu dir, Larry!", hörte er Frau Qualle hinter sich schimpfen. „Du bist doch Tierausbilder, oder?"

„Natürlich!", antwortete der sonst sehr sanftmütige und freundliche Larry gereizt. Seine Aufgabe war es, die vielen Tiere für die Serie abzurichten, damit sie sich auf

Befehl hinfallen ließen, still dalagen und arme, kranke Tiere darstellten.

„Vorsicht, das Pony dreht durch!", rief der Kameramann. Er hechtete mit einem mächtigen Sprung zu Frau Qualle und riss sie zur Seite. Es war Rettung im letzten Moment. Die scharfen Krallen des Tieres hätten die Frau schwer verletzen können.

Wild bockend tobte das Pony über die Wiese. Scheinwerfer fielen um, die Kamera krachte zu Boden und die Filmleute ergriffen die Flucht.

Endlich gelang es Larry, das Tier einzufangen und zu beruhigen. „Keines der Tiere, die du gebracht hast, hat eine Ausbildung!", tobte Frau Qualle. „Ich rate dir, deine Tierschule zuzusperren. Und damit du es weißt, du fliegst raus. Ab morgen drehen wir mit den Tieren von Sascha Scharf weiter!"

Der Tiertrainer blickte die Regisseurin entsetzt an. „Sascha Scharf? Der ist doch in der ganzen Filmwelt als Tierquäler bekannt!"

Frau Qualle verzog spöttisch den Mund. „Ich kenne nur einen Sascha Scharf, der schon viele Tiere für den Film ausgebildet hat und sehr erfolgreich ist. Und jetzt hau ab!"

„Das wirst du noch bereuen", zischte Larry wütend und hob drohend die Faust.

Für heute war der Drehtag beendet. Dominik zog sich in das Hotel zurück, in dem die Filmleute, aber auch die anderen Knickerbocker wohnten. Lilo, Axel und Poppi statteten ihrem Kumpel nämlich einen Besuch bei den Dreharbeiten ab.

Am Abend saß Dominik mit seinen Freunden auf der Terrasse des Hotels. „Seht ihr die Frau am Nebentisch? Sie macht ein Gesicht, als ob sie gerade in eine Zitrone gebissen hätte!" Die anderen drehten langsam und abwechselnd die Köpfe in die Richtung.

„Wer ist das?", zischte Axel.

„Das ist Gwendolin Qualle, von der ich euch schon erzählt habe", erklärte Dominik.

Poppi interessierte die Frau nicht. Am Himmel hatte sie etwas viel Aufregenderes entdeckt. Sie deutete mit dem Finger in die Luft und sagte: „Seht euch den tollen Vogel mit den langen Schwanzfedern an. Das ist ein Geier! Er kreist genau über der Terrasse."

Dominik wunderte sich. „Wie kommt ein Geier in diese Gegend? Die Tiere sind hier doch gar nicht heimisch!"

„He, jetzt hat der Geier was fallen gelassen", rief Axel aufgeregt. Als die anderen zu kichern begannen, brummte er: „Nicht das, was ihr meint. Es war eine Art Bonbon und es ist genau in das Glas von Frau Qualle gefallen."

„Blödsinn!", wollte Lieselotte gerade sagen, als in unmittelbarer Nähe jemand zu husten und zu würgen begann. „Hilfe ... Hilfe ... mein Hals ... dieses Brennen! Ich ersticke ... Der Cocktail ... Gift! Gift!"

Dominik sprang erschrocken auf. „Frau Qualle ... das ist Frau Qualle. Sie krümmt sich auf dem Boden!"

Axel keuchte vor Aufregung. „Der Geier hat Gift abgeworfen!"

Dominik wurde ziemlich blass. Er beugte sich zu Lie-

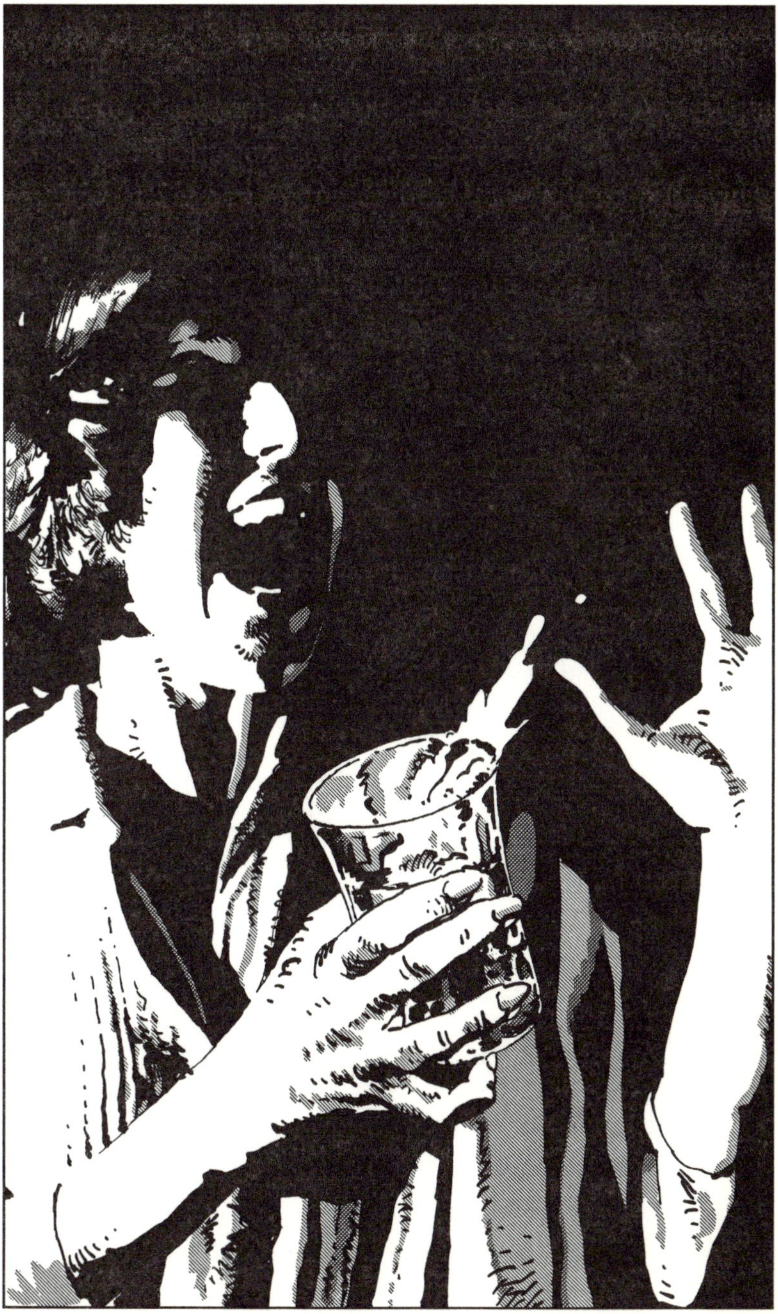

selotte und raunte ihr zu: „Ich weiß auch, wer dem Geier das Gift in die Krallen gegeben hat."

„Wer?" Lieselotte konnte Dominiks Worte nicht glauben.

„Larry Locker, der Tierdresseur, der die Tiere ausbilden sollte. Er ist heute von Frau Qualle gefeuert worden."

Der Arzt, der mit dem Krankenwagen kam, konnte die erschrockenen Hotelgäste beruhigen. Frau Qualle ging es doch nicht so schlecht. In spätestens zwei Tagen sollte sie wieder auf den Beinen sein.

Die Knickerbocker-Freunde machten sich auf den Weg zu Larry Locker. Sie wollten den Tierlehrer ein wenig ausfragen. Vielleicht gelang es ihnen sogar, den Mann zu überführen.

Eine halbe Stunde später trafen Axel, Lilo, Poppi und Dominik bei einer Weide ein, auf der eine Kuh, eine Ziege, zwei Esel und das Pony weideten. Daneben stand der moderne Wohnwagen, in dem Larry Locker wohnte.

Mehrere Male klopften die Knickerbocker an die Holztür, doch niemand rührte sich.

Der Tiertrainer schien nicht zu Hause zu sein. Schließlich griff Axel vorsichtig nach der Klinke und drückte sie hinunter.

„Leute … die Tür ist offen! Und im Wohnwagen ist außer einer Menge stickiger Luft … niemand!", meldete er den anderen.

„Dann nichts wie hinein! Wir werden ein bisschen stöbern. Vielleicht entdecken wir einen Hinweis auf das Gift …!", trieb ihn Lilo an.

Dominik und Poppi warteten vor dem Wohnwagen. Sie sollten die beiden anderen warnen, falls Larry Locker zurückkäme.

Die Suche blieb erfolglos. Von Gift keine Spur. „Aber Gift lässt man auch nicht auf dem Nachtkästchen liegen!", meinte Axel.

Von draußen kamen drei schrille Pfiffe. Sie bedeuteten: Herr Locker war im Anmarsch. Lilo und Axel wollten zur Tür hinaus, prallten aber zurück. Vor ihnen ringelte sich eine Klapperschlange auf dem Boden. Immer wieder rasselte sie mit den Zähnen.

„Wir müssen raus!", drängte das Superhirn.

„Unmöglich", meinte Axel. „Die Klapperschlange ist giftig. Ihr Biss kann tödlich sein!"

Außerdem war es bereits zu spät. Larry Locker hatte seinen Wohnwagen erreicht und blickte erstaunt durch die offene Tür. „Was sucht ihr hier?", schnauzte er Axel und Lieselotte an.

„Äh ... wir haben Geräusche in Ihrem Wohnwagen gehört und wollten nachsehen ...", schwindelte Axel.

„Unsinn! Raus mit der Sprache: Was tut ihr da? Bevor ihr mir das nicht sagt, werde ich die Schlange nicht wegnehmen!", drohte der Tierlehrer.

Also erzählten Lilo und Axel stockend von dem Giftanschlag auf die Regisseurin Gwendolin Qualle und von dem Geier, der die Gifttablette in ihr Cocktailglas fallen gelassen hatte.

Larry Locker war entsetzt. „Und ihr denkt, ich stecke dahinter? So ein blökender Blödsinn! Ich besitze keinen dressierten Geier! ... So, und jetzt komm, Mitzi!"

Axel traute seinen Augen nicht, als Herr Locker die Schlange packte und in sein Hemd gleiten ließ.

„Mitzi hat keine Giftzähne und macht es sich am liebsten auf meinem Bauch bequem", erklärte der Mann den Knickerbockern. „Mitzi ist auch Meisterin im Ausbrechen. Fast täglich entwischt sie aus ihrem Aquarium."

Axel und Lilo war die Sache nun peinlich, und deshalb wollten sie möglichst schnell verschwinden. Sie gaben Poppi und Dominik ein Zeichen zu gehen, aber Larry Locker hielt sie zurück. „Kinder, ich bitte euch, bleibt noch. Ich muss euch etwas erzählen." Gespannt blickten ihn die Junior-Detektive an. „Ich habe das Gefühl, jemand will mich unmöglich machen, damit ich keine Aufträge mehr erhalte. Seit über einem Jahr bin ich vom Pech verfolgt. Da war zum Beispiel mein Orang-Utan, der in einem Film einen Star aus Hollywood aus dem Wasser ziehen sollte. Bei den Dreharbeiten ist der Hund wie ein Stein untergegangen, und ich musste ihn retten! Irgendein Tierquäler hatte ihm ein Bleihalsband umgebunden! Weiter ging es mit der Kuh, die rechnen sollte. Sie ist jedes Mal vor der Kamera eingeschlafen! Ich bin sicher, jemand hat ihr ein Schlafmittel in den Hafer gemischt.

Ich könnte euch noch mindestens zwanzig andere Unglücksfälle aufzählen! Auf jeden Fall bin ich nach dem Rauswurf durch Gwendolin Qualle ruiniert. Sie wird mich in der ganzen Filmwelt als Versager hinstellen."

Lilo zwirbelte wieder einmal ihre Nasenspitze. „Sie behaupten also, keine Schuld zu tragen. Aber wer sollte Ihnen so übel mitspielen?"

Dominik riss plötzlich den Mund auf und klappte ihn mehrere Male auf und zu. „Ich glaube, ich weiß, wer es ist!", rief er.

„Wer???", fragten die anderen im Chor.

Dominik gab keine Antwort, sondern rief: „Wir müssen sofort ins Krankenhaus zu Frau Qualle!"

Larry Locker hatte keine Ahnung, wieso, aber er war einverstanden. Nachdem sich die Junior-Detektive auf die Hinterbank gezwängt hatten, wollten die anderen endlich wissen, was Dominik im Krankenhaus wollte. „Möglicherweise treffen wir im Spital das echte Giftgeier-Herrchen!", meinte der Junge geheimnisvoll.

Kurze Zeit darauf im Krankenhaus!

Larry Locker wartete im Auto, während die Knickerbocker-Freunde sich auf die Suche nach Gwendolin Qualle machten. Bald hatten sie das Zimmer gefunden, in dem die Regisseurin lag. Sie wollten gerade eintreten, als sie bemerkten, dass Frau Qualle Besuch hatte. Deshalb blieben sie auf dem Gang stehen und lauschten an der Tür.

„Sascha ... mein Schatz! Wir haben es geschafft!", jubelte Frau Qualle.

„Gib zu, die Idee mit der Armbrust war großartig. Einmal kurz gepustet ... und schon steckte ein dicker Dorn im Hinterteil des Ponys. Das Tier hat sich ganz schön wild aufgeführt ...", sagte eine Männerstimme.

„Großartig, wie alle deine Ideen! Larry ist ruiniert! Der Rauswurf bei der Tierklinik-Serie gibt ihm den Rest", lobte Gwendolin.

„Jetzt kommt meine große Chance! Nun werde ich beweisen, was Sascha Scharf kann! Jetzt bekomme ICH die großen Aufträge!", stellte der Mann zufrieden fest.

„Deinem Geier sei Dank!", lachte Frau Qualle.

Die vier Junior-Detektive konnten nicht fassen, was sie da hörten. Doch plötzlich wurde die Tür aufgerissen und sie stolperten in das Krankenzimmer.

„Ich habe doch gewusst, dass ich etwas vor der Tür gehört habe", knurrte ein bärtiger Mann in einem olivgrünen Overall.

„Oh, verdammt, Dominik und diese Bande", stöhnte die Regisseurin.

„Sie sind widerlich und gemein!", zischte Poppi.

„Haltet den Mund, ihr kleinen Ratten! Die Pistole in meiner Tasche ist scharf!", brummte Herr Scharf.

„Was machst du jetzt mit ihnen?", flüsterte Frau Qualle.

„Ich verfüttere sie an meine afrikanischen Tiger ... kleiner Unfall! Von vorlauten Bengeln ist man einiges gewöhnt. Solche Rangen gehen auch als Mutprobe in den Tigerkäfig ... Zum Glück habe ich die Tiere schon lange nicht gefüttert!"

„Das ist typisch für einen Tierquäler wie dich!", sagte eine Stimme hinter der Bande. „Larry!", jubelten die Knickerbocker. „Mach keine Bewegung, Sascha, sonst schließt du Bekanntschaft mit Mitzis Beißzähnen!", warnte der Tierlehrer seinen Rivalen.

Herr Scharf zuckte völlig erschrocken zusammen.

„Eine Klapperschlange ... neben meinem Bein", keuchte er. „Nimm sie weg, Larry!"

„Erst wenn die Polizei hier ist! Sascha, du bist und bleibst ein Tierquäler. Deshalb hattest du nie Erfolg. Du hast deine Tiere mit Medikamenten und Elektroschocks bei den Dreharbeiten behandelt."

Poppi bekam vor Wut einen roten Kopf. „Dieser Mann gehört angezeigt!", tobte sie.

„Richtig, Poppi!", stimmte Dominik ihr zu. „Denn er hat auch dafür gesorgt, dass bei Larry alles schief ging."

„Und Frau Qualle hat bei diesem miesen Spiel mitgemischt, weil sie die Freundin von Sascha Scharf ist", sagte Lieselotte.

Larry Locker war erleichtert, denn eines stand fest: Nun war das Spiel aus.

Poppi beugte sich zu Dominik und flüsterte: „Zum Glück weiß Herr Scharf nicht, dass Mitzi gar keine Giftzähne hat!"

Dominik grinste und nickte. „Dafür weiß er jetzt, wie gefährlich die Knickerbocker-Bande werden kann!", kicherte er.

KRIMI-FRAGE:
Wie viele Fehler findest du in der Geschichte?

KRIMI-LÖSUNG:
Um die Fehler lesen zu können, musst du die nächste Seite vor einen Spiegel halten!

Pony hat keine langen Ohren.
Pony hat keine Krallen.
Geier hat keine langen Schwanzfedern.
Moderner Wohnwagen hat keine Holztür.
Klapperschlange rasselt mit Hornringen auf Schwanzende.
Schlange lebt in Terrarium und nicht Aquarium.
Orang-Utan ist Affe und kein Hund.
Kuh frisst keinen Hafer.
Bei Armbrust muss man nicht pusten.
Es gibt keine afrikanischen Tiger.

Der Fall
Fallstrick

Axel hatte ein großes Ziel vor Augen: das Mountainbike-Rennen, das am nächsten Sonntag stattfinden sollte. Verbissen trainierte er schon eine Woche lang jeden Tag mindestens vier Stunden. Er keuchte, er schwitzte, aber er gab nicht auf. Immer wieder sprach er sich selbst Mut zu. „Nicht aufgeben, Axel ... jetzt nicht schlappmachen! Am Sonntag musst du auch durchhalten und du bist der Favorit! Du wirst es schaffen! Weiter! Weiter! Weiter!"

Seine Knickerbocker-Freunde Lilo, Poppi und Dominik saßen auf einer Decke am Ende des Waldweges, auf dem Axel trainierte. Sie stoppten seine Zeiten.

Bereits zum vierten Mal an diesem Nachmittag radelte ihr Kumpel an ihnen vorbei. „Neuer Rekord! Um über 1 Minute und 20 Sekunden schneller als vorher!", rief Dominik Axel nach. Danach widmete er sich wieder dem Brettspiel, das Lilo, Poppi und er in den Wald mitgenommen hatten. Es war – wie könnte es auch anders sein – eine Gangsterjagd.

Axel konzentrierte sich völlig auf die holprige Strecke. Deshalb bemerkte er auch nicht den dunklen Schatten, der hinter dem mächtigen Stamm einer uralten

Tanne auf ihn wartete! Und er übersah den dünnen Strick, der auf dem Waldboden lag.

Als Axel nur noch zwei Meter entfernt war, zog der Unbekannte am anderen Ende, und der Strick wurde ungefähr einen halben Meter über dem Boden gespannt. Es geschah, was geschehen musste. Axel blieb mit dem Vorderrad hängen und stürzte. Zum Glück trug er einen Radhelm und Knie- und Ellbogenschützer. Axel blutete nicht, aber sein Bein schmerzte sehr. Es war verstaucht, und das Rennen war damit für Axel vorbei.

Stöhnend rappelte sich der Junge auf und nahm sein Mountainbike. Dabei entdeckte er den Strick auf dem Boden. Er war also nicht durch eigene Schuld gestürzt. Es hatte ihm jemand einen Fallstrick gelegt. Aber wer? Humpelnd machte er sich auf den Rückweg zu seinen Kumpels.

„Hast du eine Ahnung, wer dich für das Rennen ausschalten möchte?", fragten ihn die anderen Junior-Detektive, als er bei ihnen eintraf. Der Junge hatte sich schon die ganze Zeit auf dem Weg zu seinen Freunden den Kopf über diese Frage zerbrochen. Dabei war ihm nur einer eingefallen: Schorsch! Schorsch hatte einen entsetzlichen Vater, der vom Ehrgeiz zerfressen war. Von seinem Sohn erwartete er einen Sieg nach dem anderen. Schorsch war deshalb oft verzweifelt.

„Es könnte aber auch Walter gewesen sein", fiel Axel plötzlich ein. „Walter ist scharf auf den ersten Preis, eine Reise nach Euro-Disney bei Paris."

Lieselotte und die anderen brachten ihren Kumpel nach Hause, wo er von seiner Mutter mit kalten Umschlägen versorgt wurde. Vielleicht war die Verstauchung doch gar nicht so schlimm und klang bis zum nächsten Tag ab? Dann könnte Axel doch noch am Radrennen teilnehmen.

Wer den Strick gespannt hatte, wollten die Knickerbocker-Freunde aber trotzdem wissen. Deshalb besuchten sie als ersten Walter. Er war gerade dabei, sein Mountainbike auf Hochglanz zu polieren, als die drei bei ihm eintrafen. Walter könnte auf der Stelle Mister Saubermann werden, dachte Poppi. In der Tat war der Junge trotz der eher schmutzigen Arbeit geschniegelt und gestriegelt und völlig sauber. Jedes seiner Haare lag in der richtigen Richtung. Sein Hemd und seine Hose strahlten weißer als in jeder Waschmittelwerbung, und seine Hände waren rein und fleckenlos. Trauerränder unter den Nägeln gab es bei ihm nicht.

„Was hast du heute am Nachmittag gemacht?", fragte Lilo.

Walter schien erstaunt. „Was geht dich das an?", lautete seine Gegenfrage.

„Im Wald hat jemand einen Fallstrick gespannt und Axel aus dem Sattel gehoben. Warst du das?", bohrte Dominik weiter.

Walter schüttelte den Kopf. „Ich würde so etwas niemals machen. Wie könnt ihr mich verdächtigen!", sagte er empört. „Ich habe heute Nachmittag meiner Großmutter geholfen. In ihrem Garten. Sie hat nämlich einen großen Nussbaum, von dem dieses Jahr die Nüsse bereits frühzeitig abfallen. Wir haben sie von den grünen Schalen befreit und geknackt. Das war Schwerarbeit."

Die drei Knickerbocker sagten dazu nur „aha" und zogen wieder ab.

Schorsch war ihr nächstes Opfer. Der dunkelhaarige Junge schien überaus nervös und aufgeregt zu sein. Ständig fingerte er an seinem Hemd herum, fuhr sich durch die Haare oder kratzte sich am Kopf. „Wer ist da?", rief eine tiefe Stimme aus dem Wohnzimmer. „Freunde von mir!", log Schorsch und drängte die Knickerbocker sanft, aber bestimmt aus dem Vorzimmer. „Haut ab, mein Vater hat heute schlechte Laune", sagte er leise.

„Nur eine Frage: Was hast du heute am Nachmittag gemacht?", fragte Lilo. Schorsch überlegte keine Sekunde, sondern antwortete wie aus der Pistole geschossen: „Ich war im Wald!"

„Was???" Die drei Freunde konnten es nicht glauben. Das hörte sich nach einem Geständnis an.

„Ich war im Wald und habe Himbeeren gesucht. Viele habe ich aber nicht gefunden."

„Schorsch, was machen die Kinder noch immer hier? Kann man nie seine Ruhe haben?", schrie sein Vater aus dem Wohnzimmer.

„Auf Wiedersehen!", sagte Schorsch hastig und drängte die Knickerbocker zur Tür hinaus.

„Und wer hat den Fallstrick gelegt?", fragte Poppi. „Ich weiß es nicht!"

„Ich schon!", sagte Lilo. „Der Strickleger hat auf jeden Fall nicht das gemacht, was er behauptet hat, getan zu haben!"

„Hääää?" Verwundert blicken die anderen Lieselotte an.

Übrigens: Axel konnte am nächsten Tag am Rennen teilnehmen und belegte den dritten Platz. Der Fallstrickleger hatte kein Glück. Er schied aus!

KRIMI-FRAGE:
Wer war der Fallstrickleger?

Das Geheimbuch

Nimm ein dickes, altes Buch und schneide den inneren Teil der Seiten heraus. Die Ränder, die bleiben, klebe aufeinander. So entsteht eine Art Schachtel mit dicken Wänden. Schlägst du das Buch zu, vermutet keiner, dass sich darin ein geheimer Hohlraum befinden könnte.

In diesem Geheimfach kannst du deine Detektiv-Sachen (Fingerabdruckpulver, Lupe, Mini-Kamera und so weiter) oder streng geheime Personenbeschreibungen verstecken. Natürlich ist es auch ein gutes Versteck für Geld ...

Alarmpfeife

Pause diese Pfeife auf Schreibmaschinenpapier und schneide sie aus. Falte sie wie auf der Abbildung. Der schwarze Teil in der Mitte muss ausgeschnitten werden.

Wenn du die Pfeife zwischen den Finger oder den Händen hältst und hineinbläst, ertönt ein schriller Pfiff!

Die Pfeife ist so klein, dass du sie immer unbemerkt bei dir haben kannst.

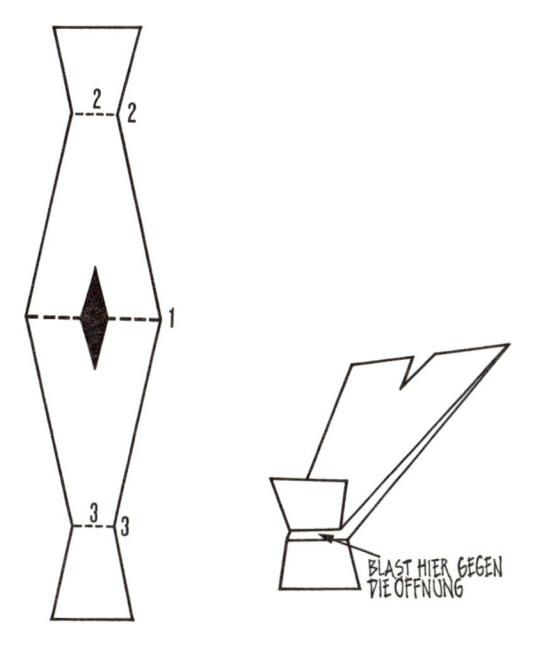

Dicke Luft bei den Orgelpfeifen

Die Orgelpfeifen waren eine Familie, die aus Vater, Mutter, zwei Söhnen und zwei Töchtern bestand. Und da sie, nebeneinander gestellt, wie Orgelpfeifen aussahen, hatten sie von Freunden diesen Spitznamen erhalten.

Vater Orgel maß zwei Meter und einen Zentimeter. Mutter Orgel war nur um zwei Zentimeter kleiner als er.

Die beiden Töchter waren ganz nach den Eltern geraten und nur um vier und sechs Zentimeter kleiner als der Herr Papa. Die beiden Söhne schlugen aus der Art. Klaus, der wie seine Schwestern bereits über zwanzig Jahre alt war, maß nur einen Meter und 66 Zentimeter. Sein kleiner Bruder Michi war bereits fünf Zentimeter größer, aber erst 13 Jahre alt. Michi zählte zu Axels besten Freunden, und deshalb holte ihn der Junge auch am Samstag immer zum Fußballspielen ab.

An diesem Samstag gab es allerdings dicke Luft bei den Orgelpfeifen. Als Axel auf dem Fahrrad zum Haus der Familie kam, erlebte er Herrn Orgel, wie er ihn noch nie zuvor gesehen hatte. Der Mann tobte wie ein Wilder, war knallrot im Gesicht und schrie, dass die Fenster klirrten. „Ich habe es satt, satt, satt!" Die wichtigsten Worte rief er immer dreimal. „Es reicht, reicht, reicht!

Ich hasse es, wenn sich einer von euch mein Auto ausborgt, das ganze Benzin verbraucht, danach nicht auftankt und mir den Wagen völlig verdreckt zurück in die Garage stellt!"

Der Rest der Familie hatte sich auf seinen Befehl vor dem Haus versammelt und blickte betreten.

„Ich will auf der Stelle wissen, wer den Wagen schon wieder genommen hat?", schrie Herr Orgel.

Betretenes Schweigen.

Herr Orgel wartete eine ganze Minute, bevor er die Bombe platzen ließ. „Bis sich der Übeltäter gemeldet hat, bleiben alle im Haus. Sollte es einer von euch wagen wegzugehen, streiche ich für sechs Monate das Taschengeld."

Michi meldete sich schüchtern und meinte: „Aber ich habe doch nicht einmal einen Führerschein. Ich kann es nicht gewesen sein!"

Das leuchtete Herrn Orgel ein und er ließ Michi mit Axel abziehen. Anschließend zwängte er sich in das Auto, riss wütend an dem Hebel neben dem Sitz, fuhr damit ein großes Stück zurück und ließ den Motor aufheulen. Mit quietschenden Reifen raste er davon.

„Ich weiß, wer sich das Auto ausgeborgt und eine Spritztour gemacht hat!", flüsterte der Junior-Detektiv seinem Kumpel ins Ohr.

KRIMI-FRAGE:
Wer war es?

Horror im Hallenbad

Axel traute seinen Augen nicht. Er hatte soeben seine Luftmatratze ins Schwimmbecken des Hallenbades geworfen. Aber kaum hatte die Luftmatratze die Wasseroberfläche berührt, war etwas Grauenhaftes geschehen. Zuerst blubberte es leise, dann stiegen dünne, graue Rauchfahnen auf, und schließlich schien sich das Schwimmgerät in dünnen, blauroten Brei aufzulösen. Dabei verströmte ein ekeliger Gummigeruch.

Der Junge prallte zurück. Er war im Augenblick der Einzige in dem neu eröffneten Hallenbad mit dem klingenden Namen „Wasser-Wunder-Land". Sein Onkel Alex war hier Bademeister und hatte den Jungen schon eine Stunde, bevor das Bad öffnete, hereingelassen. Axel konnte so die zahlreichen Attraktionen ausprobieren, ohne lange Schlange stehen zu müssen. Im Wasser-Wunder-Land gab es nämlich eine Wasserrutsche, auf der man zwei Minuten lang rutschen konnte. Neben Sprudelbecken befanden sich Wassergrotten, hohe Wasserfälle und ein Taucherbecken mit einem künstlichen Schiffswrack, in dem es immer wieder Überraschungen zu entdecken gab.

Am anderen Ende des Beckens sah der Junge seinen

Onkel, der vor Dienstbeginn noch schnell selbst einen Kopfsprung ins Wasser machen wollte. „Nicht! Halt!", brüllte Axel aus Leibeskräften.

„Wieso nicht?", fragte der Mann verwundert.

„Ich glaube ... im Wasser ist irgendeine ... Säure. Sie hat meine Luftmatratze völlig zerfressen!"

Der Bademeister schien Axels Worte für einen Scherz zu halten und streckte die Zehe ins Wasser. Mit einem lauten Schmerzensschrei zog er sie zurück. „Du hast ... du hast Recht!", jammerte er.

Das Hallenbad, das gerade erst vor drei Tagen eröffnet hatte, musste geschlossen werden. Als Axel durch die Kassenhalle das Bad verlassen wollte, sah er einen kleinen Mann mit Knautschgesicht. Er kannte ihn. Der Mann hieß Konstantin Trimmer und war der Besitzer des Bades. Der Vorfall hatte ihn natürlich am Boden zerstört. Aufgeregt plapperte er vor sich hin: „Alle Zeitungen werden voll sein mit der Skandalgeschichte! Herr Lösmann, dem die anderen Bäder in der Stadt gehören, wird sich vor Schadenfreude schieflachen. Und Doktor Giller, der zuerst mein Partner bei diesem Unternehmen war, wird einen Freudentanz aufführen. Der Mistkerl hat mich betrogen, und deshalb habe ich ihn auch rausgeworfen. Aber vielleicht war das die Rache? ... Ein Glück, dass kein Schwimmer ins Wasser gesprungen ist. Er wäre tot gewesen. Ich will gar nicht dran denken!"

In Axel erwachte der Krimi-Spürsinn. „Entschuldigen Sie", wandte er sich an den kleinen Mann. „Aber wie hat sich harmloses Wasser plötzlich in gefährliche, ätzende, alles zersetzende Säure verwandeln können?"

Der Schwimmbadbesitzer kratzte sich am Doppelkinn. „Es kann nur mit der Wasserreinigungsanlage zusammenhängen. Dort werden dem Wasser verschiedene Flüssigkeiten beigemischt, die es sauber und rein halten sollen. Vielleicht hat jemand Säure in einen der Tanks fließen lassen."

Konstantin Trimmer wollte der Sache sofort auf den Grund gehen und Axel folgte ihm. In dem riesigen Kellerraum, wo die Reinigungsanlage pumpte und filterte, befanden sich sieben bauchige Tanks, die von der Straße aus nachgefüllt werden konnten. Der Besitzer des Hallenbades öffnete jeden Behälter einzeln und schnupperte daran. Bei Nummer fünf stutzte er. Abermals streckte er die Nase über die Kontrollluke und zog vorsichtig die Dämpfe ein, die aufstiegen. „Hier ist die Säure drin!", meldete er.

Über ihren Köpfen donnerte es. „Ein Tankwagen kommt!", erklärte Herr Trimmer. Der Knickerbocker hörte, wie der Zufluss des Tanks oben aufgeschraubt wurde. Jemand setzte einen Schlauch an, und dann ... dann wurde der Inhalt des Behälters abgepumpt.

Bei Axel klingelte es. „Derjenige, der die Säure eingefüllt hat, saugt sie jetzt wieder ab, um keine Spuren zu hinterlassen. Dummerweise wurde die Sache aber schon früher entdeckt, als er erwartet hatte!"

Der Junge raste durch die verwinkelten Gänge in das obere Stockwerk und hinaus auf die Straße. Er kam zu spät. Der Tankwagen bog gerade um die Ecke. Axel schaffte es nicht mehr, das Nummernschild zu erkennen. Das Einzige, was er sah, war ein fleckiger, verwitterter Tigerkopf auf der Hinterseite des Tanks. „So ein mieser Ziegenmist!", fluchte er und schleuderte seine Baseballkappe auf den Boden.

Am selben Tag, kurz nach 15 Uhr, radelte er mit Lieselotte durch den Wald am Stadtrand. Die beiden Knickerbocker-Freunde waren auf dem Weg zu ihrem Mathematik-Nachhilfelehrer, der einige Kilometer entfernt wohnte. Als die Junior-Detektive auf die Landstraße einbogen, raste ein Lastwagen an ihnen vorbei und wirbelte eine hohe Staubwolke auf. „Wildsau!", schimpfte ihm Lilo nach.

Axel wischte sich über die Augen und schrie: „Der Tankwagen ... das ist er ... der Säurewagen. Ich habe den Tigerkopf erkannt!"

Die Knickerbocker traten so fest sie konnten in die

Pedale und nahmen die Verfolgung auf. Doch der Tankwagen war viel schneller. Die Staubwolke verschwand in der Ferne. Trotzdem blieben Axel und Lieselotte auf der Spur. Sie ließen – ganz nach ihrem Knickerbocker-Motto – nicht locker.

Es lohnte sich, denn zwei Kilometer weiter holten sie den Tankwagen ein. Er war von geschlossenen Bahnschranken aufgehalten worden. Der Junge riss die Fahrertür auf und starrte auf einen dicklichen Mann, der aussah, als wäre er in einer Schrottpresse zusammengequetscht worden. Der Knickerbocker wandte die Überrumpelungstaktik an: „Wieso haben Sie die Säure ins Hallenbad geliefert?", wollte er wissen.

Der Lastwagenfahrer verzog das Gesicht, als hätte er es mit einem Irren zu tun. „Was quasselst du da, Jungchen?", fragte er verwundert.

Lilos Gedanken lauteten: „Entweder spielt er gut oder er hat wirklich keine Ahnung."

Axel ließ nicht locker. „Sie haben in die Wasser-Wunder-Welt eine Säure geliefert und den Rest heute Morgen wieder abgepumpt. Wieso?"

Der Mann wischte sich über die verschwitzte Stirn und sagte: „Ich habe mich heute um acht Uhr in der Früh hinter das Steuer geklemmt und bin bis jetzt ohne Stopp und ohne Pause durchgefahren, weil ich verderbliche Fracht im Tank habe. Irgend so ein Saft, der leicht schlecht werden kann."

Axel durchstöberte sein Hirn nach einer weiteren Frage, aber er fand keine. Unruhig ließ er seinen Blick durch die Fahrerkabine streifen. Dabei sah er auch auf das Armaturenbrett, und da stutzte der Junior-Detektiv. Schließlich schlug er die Tür einfach zu und flüsterte in Lilos Ohr: „Du ... der hat auf jeden Fall die Unwahrheit gesagt. Wir verfolgen ihn und schauen, wo er uns hinbringt!"

KRIMI-FRAGE 1:
Wie kommt Axel darauf,
dass der Fahrer die Unwahrheit sagt?

Die beiden Knickerbocker-Freunde blieben dicht hinter dem Lastwagen, damit der Fahrer durch den Rückspiegel nicht erkennen konnte, dass er verfolgt wurde. Lange dauerte die Reise ohnehin nicht. Beim nächsten Gasthaus hielt der Lkw, und der Schrottpressen-Mann stieg aus. Axel und Lieselotte schien er nicht bemerkt zu haben. Der Lenker verschwand in dem Gasthaus, und Lieselotte folgte ihm. Das Mädchen hatte er nämlich nicht so genau gesehen wie ihren Kumpel. Vorsichtig sah sich Lilo in der Gaststube um. Dort saß der Mann nicht. Wieso war er verschwunden? Das Superhirn schlenderte an der Küche vorbei zu den Toiletten. Als Lilo um die Ecke bog, hörte sie die Stimme des Mannes. Sie klang aufgeregt und hektisch. „Da ist plötzlich ein Junge aufgetaucht ... der redet was von Säure, Lösmann, was soll das? ... Halten Sie mich raus. Ich will mit Ihren dreckigen Geschäften nichts zu tun haben. Sie haben mich nur beauftragt, das Zeug hinzufahren und wieder abzuholen. Ich will mehr Geld!"

Lieselotte hatte genug gehört. Sie lief zu ihrem wartenden Kumpel und erstattete Bericht. Für die beiden Junior-Detektive war der Fall damit klar. „Jemand wollte Herrn Trimmer ruinieren. Falls ein Badegast durch die Säure verletzt oder vielleicht sogar getötet worden wäre, hätte es das AUS für das Wasser-Wunder-Land bedeutet", kombinierte das Mädchen.

Axel wusste sogar, wer hinter dem grauenhaften Plan steckte und warum er ihn ausgeheckt hatte. Bereits am Abend wurde der Anstifter festgenommen. Der gute Ruf des Wasser-Wunder-Landes war bald wiederhergestellt. Die Besucher blieben nicht aus!

KRIMI-FRAGE 2:
Wer war der Täter?

Der Frosch im Tresor

Ungeduldig klingelten Lieselotte und Axel an der Tür von Ling Fu. Der Chinese hatte die beiden zu sich eingeladen, um ihnen eine Löwenfigur zu zeigen, die er gerade restaurierte (= altes Stück ausbessern und verschönern). Der Löwe stammte aus der Sammlung eines sehr reichen Mannes und war ein Vermögen wert.

„Wieso macht Herr Fu nicht auf?", stöhnte Lieselotte. „Sitzt er auf den Ohren?"

Axel stutzte. „He, sieh mal, Lilo. Die Eingangstür ist gar nicht abgesperrt." Der Junge drückte sie auf, und die Knickerbocker betraten das Haus. Aber so viel sie auch nach Herrn Fu riefen, er antwortete nicht. Ratlos blieben sie im Vorraum stehen. Plötzlich flog die Eingangstür auf, und eine kleine Chinesin stürzte herein. „Wer seid ihr?", schnauzte sie die Junior-Detektive an.

„Das können wir Sie auch fragen!", schnauzte Axel zurück.

Die Chinesin musterte Axel und Lilo von Kopf bis Fuß. „Nach Dieben seht ihr nicht aus", meinte sie schließlich. Die Knickerbocker verstanden kein Wort. „Ling ist überfallen worden. Wir müssen ihn befreien. Die Diebe haben ihn im Keller in den Tresor gesperrt."

„Was???" Lieselotte konnte es nicht fassen.

Mit pochendem Herzen folgten sie und Axel der Chinesin in den Keller. Sie durchquerten zwei Lagerräume, bis sie vor einer roten Eisentür standen.

„Der Tresorraum. Hier bewahrt Ling die kostbaren Kunstgegenstände auf, die er zum Restaurieren bekommt", erklärte die Frau. Sie kramte einen Zettel heraus, auf dem die Kombination notiert war, mit der die Tür geöffnet werden konnte. Sie drehte die verschiedenen Rädchen und zog die dreißig Zentimeter dicke Metalltür auf.

Ein zitternder Ling Fu torkelte heraus und umarmte die Frau. Sein Gesicht war schweißnass und er bebte am ganzen Körper. „Danke, Wung", keuchte er. „Ich dachte schon, ich muss ersticken!" Jetzt erst bemerkte er Axel und Lieselotte. „Kinder, ich bin überfallen worden. Von einem Mann, der eine Froschmaske trug. Er hat mich gezwungen, den Löwen herauszurücken. Anschließend hat er mich in meinem eigenen Tresor eingeschlossen. Zum Glück hatte ich mein tragbares Funktelefon eingesteckt. Es war meine Rettung. Mit ihm habe ich meine Freundin Wung anrufen können!"

Die beiden Knickerbocker nickten.

„Jetzt brauche ich eine Tasse Tee, und dann rufen wir sofort die Polizei!", entschied der Chinese.

Einige Minuten später ließ Lilo ihre Tasse sinken und meinte: „Herr Fu, vielleicht ist es besser, nicht die Polizei zu holen. Die wird bestimmt auch erkennen, dass SIE den Überfall nur vorgetäuscht haben und Axel und mich als Zeugen missbrauchen wollten."

Ling Fu und seine Freundin blickten das Superhirn erschrocken an. „Wie kommst du darauf?", keuchte der Chinese. Schließlich musste er Lieselotte aber Recht geben ...

KRIMI-FRAGE:
Wie hat sich Ling Fu verraten?

Der Bund des Bösen

Poppis Mutter hatte es streng verboten, und deshalb machte es der Knickerbocker-Bande noch mehr Spaß: Sie veranstalteten ein Mitternachtspicknick im Wald. Kurz nach halb zwölf waren sie mit den Rädern losgefahren. Lieselotte hatte den Picknickkorb auf ihrem Gepäckträger. Im Korb befanden sich Kartoffelchips und andere Knabbereien, Schokoriegel, Kirschen, ein Glas Essiggurken und zwei Flaschen Cola. Das Ziel der Radtour war die Ruine von Schloss Graueck, die sich auf einer hohen Felsnase befand. Im Licht des Mondes hatten die Mauerreste große Ähnlichkeit mit Zahnstummeln, die aus dem Stein ragten. Schnaufend strampelten die vier Freunde den engen Weg zur Ruine hinauf.

Dominik sah es als Erster. „He ... da ... da war ein Licht ... in einem der alten Fensterlöcher!", flüsterte er.

Die anderen blieben stehen und stiegen von den Rädern ab. Sollte es in der Ruine tatsächlich spuken? Die Leute, die in dem Dorf unter der Felsnase lebten, behaupteten es steif und fest.

„Drehen wir um?", fragte Axel leise.

Lieselotte wollte davon nichts wissen. „Jetzt erst recht!", lautete ihr Motto.

Die Bande versteckte die Räder im Gebüsch und schnappte nach dem Picknickkorb. Falls sich Dominik getäuscht hatte, wollten sie sofort ihren Hunger stillen.

Das Superhirn ging vom Weg ab und schlich geduckt durch den Wald. Als zwischen den Baumstämmen das alte Gemäuer auftauchte, war Lieselotte sofort klar, dass Dominik Recht hatte. In der Ruine brannte Licht. Das Flackern deutete auf ein Lagerfeuer hin.

„Einer muss vorschleichen und nachsehen, wer da ist!", sagte Lieselotte.

Axel zuckte lässig mit den Schultern. „Wer schon? Ich muss das wieder einmal machen. Ihr anderen macht doch in die Hose!"

Poppi schob die Unterlippe vor und brummte: „Bleib da, du Angeber. Ich gehe. Ich bin die Kleinste und Unauffälligste."

Bevor jemand etwas dagegen sagen konnte, war das Mädchen schon losgezischt. Es überquerte die Wiese vor der Burg und ging hinter einer halbhohen Steinmauer in Deckung. Vorsichtig spähte es über die Kante und entdeckte einen Kessel, der in der Mitte des ehemaligen Raumes stand. Aus ihm loderten kupferrote Flammen. Rund um den Kessel gingen mit langsamen, gleichmäßigen Schritten sechs seltsame Gestalten. Sie trugen dunkle, bodenlange Mäntel und hatten die Gesichter und Haare grellweiß, die Augenhöhlen, die Nase und den Mund aber schwarz geschminkt. Diese Bemalung ließ ihre Köpfe an Totenschädel erinnern. Poppi schauderte. Was taten die Leute da? Warum marschierten sie um das Feuer?

Jetzt erst verstand das jüngste Mitglied der Bande die Worte, die die sechs ständig murmelten. „Verderben! Verderben! Verderben! Verderben!", verlangten sie beschwörend. Dazu warfen sie kleine Kugeln in den Kessel, die hohe rote, grüne und gelbe Stichflammen verursachten.

Immer lauter wurde die Beschwörung. „Verderben! Verderben!", riefen die sechs, bei denen es sich ausschließlich um Männer zu handeln schien. Einer von ihnen ließ seine Hand in den Mantel gleiten und zog etwas hervor. Es schien ein Foto zu sein, das er hochhielt und anschließend mit einem lauten Schrei in die Flammen schleuderte. Das Bild war groß genug, dass Poppi erkennen konnte, wen es zeigte. Das Mädchen presste die Hände vor den Mund und torkelte zu seinen Kumpels zurück. Stotternd und keuchend erstattete es ihnen Bericht. „Auf dem Foto ist ... mein Vater!", schluchzte Poppi.

Dominik kombinierte. „Die Leute wünschen ihm Verderben, also etwas Böses. Es scheint sich hier um einen Kult zu handeln. Einen Bund des Bösen."

Lieselotte ließ die anderen zurück und wollte sich die Sache selbst ansehen. Als sie die Ruine erreichte, waren vier der Totenkopfleute bereits gegangen. Zwei hockten lässig neben dem Kessel und unterhielten sich leise. „Morgen Nacht muss der Typ dran glauben. Wir stecken seine Bude in Brand!", sagte der eine. „Wir könnten auch sein Auto bearbeiten, sodass es außer Kontrolle gerät", schlug der andere vor. „Wir haben genug Zaster dafür kassiert. Erstaunlich, dass gebildete Menschen tatsächlich denken, das Verderben würde durch diesen Feuerfirlefanz verursacht und nicht durch uns."

Das Superhirn hatte genug gehört und zog sich zurück. Falls es wirklich um Poppis Vater ging, befand er sich in höchster Gefahr. Die Bande radelte so schnell wie möglich zurück und weckte Herrn und Frau Monowitsch.

Frau Monowitsch bekam wie immer einen Kreischkrampf und jammerte über die „unfolgsamen" Kinder. Poppis Vater blieb ruhig und überlegte. Schließlich meinte er: „Es ist seltsam, aber zweien meiner Kollegen würde ich eine solche Aktion zutrauen. Sie sind Chemiker wie ich. Beide sehr ehrgeizig und beide sehr wütend auf mich. Es ging um die Entwicklung eines umweltfreundlichen Kunststoffes für Flaschen. Meine Leute und ich waren schneller und haben damit Millionenverträge an Land gezogen."

In dieser Nacht blieb nichts mehr zu tun, und so versuchten alle, noch ein wenig zu schlafen.

Am nächsten Tag griff Dr. Monowitsch zum Telefon. Über eine Verstärkeranlage hörte die Bande die Gespräche mit, die er führte. „Guten Tag, Dr. Berian", begrüßte er den ersten der beiden verdächtigen Kollegen. Der Mann machte aus seiner Ablehnung kein Hehl. „Was wollen Sie, Monowitsch? Ich habe viel zu tun!" Poppis Vater kam zur Sache: „Es ist etwas Seltsames geschehen. Meine Tochter hat eine Art Verschwörung beobachtet, die Menschen durch ein Ritual ins Verderben stürzen möchte. Dabei ging es um mich. Was sagen Sie dazu?" Schweigen am anderen Ende der Leitung. „Wollen Sie vielleicht sagen, dass Sie mich verdächtigen?", zischte Dr. Berian schließlich. Herr Monowitsch antwortete darauf nicht. „Ich verklage Sie wegen übler Nachrede, Monowitsch, Sie Aas!", brüllte der andere Chemiker und legte auf.

Der zweite Verdächtige hieß Dr. Plomberger. Er war wortkarg und sehr kühl. „Was sagen Sie da? Ihre Tochter hat einen Bund des Bösen beobachtet?" Er schien es nicht glauben zu können. „Ja, in der Nacht, in einer Ruine. Und dabei sollte Verderben über mich gebracht werden." Auch dieser Kollege überlegte kurz, was ihm da gesagt wurde. Ziemlich scharf stellte Dr. Plomberger schließlich fest: „Falls Sie auf die Idee kommen sollten, dass ich damit etwas zu tun habe, dann irren Sie sich. Ich schlafe in der Nacht, in jeder Nacht. Auch in der vergangenen habe ich nichts anderes getan. Aber wozu verteidige ich mich? Im Prinzip ist Ihr Anruf eine Frechheit!"

Herr Monowitsch drehte sich zu den Knickerbockern um. „Und? Was meint ihr? Die beiden sind es bestimmt nicht gewesen. Oder?" Vier Köpfe nickten. „Doch, einer der beiden war dabei!", sagte Lieselotte.

Als die beiden Männer in der Nacht kamen, um den Brand zu legen, wurden sie bereits von der Polizei erwartet. Der Bund des Bösen war zerschlagen!

KRIMI-FRAGE:
Wer war bei der Verschwörung dabei
und hat den Auftrag gegeben,
Dr. Monowitsch ins Verderben zu stürzen?

Marmeladetest

"Igitt", dachte der Spion, als er das Geheimdokument auffaltete und studierte. Es handelte sich um den Plan zu einem neuen Auto. Der Spion fotografierte den Plan und verkaufte ihn an eine andere Firma.

Eine Woche später wurde er bereits festgenommen. Er war nämlich Mitarbeiter der bestohlenen Firma. Seine Fingerabdrücke haben ihn verraten!

Aber wie waren sie auf dem Papier des Planes zu finden? Ganz einfach. Die Ränder und Stellen der Zeichnung, die man auf jeden Fall anfassen muss, waren sehr dünn mit Marmelade bestrichen. Wirklich hauchdünn und nicht zu sehen. "Igitt", dachte der Spion, weil der Plan klebrig war. In der Marmelade hinterließ er aber seine Fingerabdrücke, und zwar klar und deutlich.

ACHTUNG:

Vorsicht, dass du nicht selbst hineingreifst. Sonst führt die heiße Spur zu DIR!

Der Fluch
des Pharaos

MAXI KRIMI

Es war kurz vor drei Uhr in der Früh in einer Fabrikhalle. Viele Wochen lang war die Halle zu einem Museum umgebaut worden, in dem am selben Tag um zehn Uhr eine gigantische Ausstellung mit Schätzen aus dem alten Ägypten eröffnet werden sollte.

Da es sich um überaus wertvolle Kunstschätze handelte, war das Gebäude Tag und Nacht streng bewacht. Bereits zum siebten Mal in dieser Nacht drehte Herr Koller vom Sicherheitsdienst seine Runde durch die Halle …

„Nur noch fünf Stunden, dann habe ich es geschafft. Um acht Uhr werde ich abgelöst. So schwer wie heute ist es mir noch nie gefallen, wach zu bleiben", murmelte er und gähnte heftig. Um sich munter zu halten, begann er die Nummer eins der Hitparade zu pfeifen.

„Du wagst es, die letzte Ruhe der Pharaonen durch Pfeifen zu stören?", donnerte eine tiefe Stimme hinter seinem Rücken. Herr Koller zuckte der Schreck wie ein glühender Blitz durch alle Glieder. Für einen Moment konnte er sich nicht bewegen. Kaum hatte er sich wieder ein wenig gefasst, schüttelte er den Kopf, als könnte er damit den Spuk vertreiben. „War … war da wirklich eine Stimme?", fragte er sich unsicher. Die Antwort kam auf der Stelle. „Zu dir spricht Pharao Tut-ench-Morales!", ertönte die Donnerstimme. Der Sicherheitsbeamte keuchte. „Ich … ich muss verrückt geworden sein. Das kann es nicht geben!", stieß er hervor. „Weiche, Unwürdiger! Verlasse diesen Raum! Sonst trifft dich der Fluch des Pharaos!", drohte die Stimme.

Herr Koller richtete sich auf und bemühte sich, ruhig und gefasst zu klingen: „Wer auch immer Sie sind … ich lasse mich nicht einschüchtern! Es gibt keine sprechenden Toten!" Oder doch?

Der Pharao ließ sich nicht beirren. „Auch du wirst den Tod finden, so wie ihn die Forscher gefunden haben, die meine letzte Ruhe in der Pyramide gestört haben", verkündete er.

Jetzt erst schaffte es der Nachtwächter, sich umzudrehen und in die Richtung zu blicken, aus der die Stimme kam. Sein Blick fiel dabei auf einen hölzernen Sarkophag, der seit tausenden von Jahren verschlossen war. Völlig geräuschlos schob sich der Deckel nun zur Seite. Im Inneren der Totentruhe herrschte Finsternis und Stille. Herr Koller wartete einige Augenblicke, und als nichts geschah, wagte er sich näher heran. Gleich darauf ertönte ein lautes Poltern und danach ein Schrei, der bald erstarb …

KRIMI-FRAGE 1:
In diesem Bericht steckt etwas sehr Verdächtiges.
Ist es dir aufgefallen?

Am nächsten Morgen saß Herr Koller in der Küche von Axels Mutter und versuchte immer wieder, eine Tasse Tee an den Mund zu führen. Dabei zitterten seine Hände aber so sehr, dass er fast die Hälfte verschüttete, bevor er noch einen Schluck nehmen konnte.

Axel blickte den Mann gespannt an. „Und, Onkel Karl, was war dann, als du auf den Sarkophag zugegangen bist?", wollte er endlich erfahren.

„Der Deckel ist aufgeflogen und eine graue, zerlumpte Gestalt ist herausgesprungen. Ausgesehen hat sie wie ... eine Mumie. Sie ist auf mich zugewankt und hat die Arme nach mir ausgestreckt. Ich war völlig unfähig, mich zu bewegen. Plötzlich spürte ich dann diesen seltsamen Geruch in meiner Nase. Er hat mich an ein Krankenhaus erinnert, und dann ... dann war nichts mehr. In der Früh hat mich mein Kollege gefunden. Ich war besinnungslos ..."

Axels Mutter schüttelte immer wieder den Kopf. „Ich nehme an, ihr habt die Polizei verständigt", sagte sie.

Ihr Bruder Karl nickte heftig. „Natürlich! Aber stellt euch vor ... ich kann es noch immer nicht fassen ... Der Sarkophag war nun leer! Die Mumie war weg! Meine Geschichte hat mir der Kriminalbeamte nicht so recht geglaubt."

Frau Klingmeier hatte dafür Verständnis. „Sie klingt auch wirklich ... unfassbar!"

Im Hintergrund hatte die ganze Zeit das Radio gespielt. Zwischen zwei Musiknummern meldete sich der Moderator und gab folgende Nachricht durch: „Wie wir soeben erfahren haben, ist in der vergangenen Nacht aus der Ägypten-Ausstellung, die heute Vormittag eröffnet wird, eine goldene Maske verschwunden. Sie stellt das Gesicht, den langen falschen Bart und die Tuchkrone des Pharaos dar. Der Wert der Maske geht in Millionenhöhe."

Herr Koller verbarg das Gesicht in den Händen und stöhnte leise. „Das auch noch! Ein Diebstahl! Und ich hatte Schicht. Das bedeutet, ich kann mir eine neue Stellung suchen. Ich werde sicher gefeuert werden! Das gibt einen Skandal!"

Axels Mutter legte ihm beruhigend die Hand auf den Arm. „Jetzt beruhige dich, Karli! So schlimm wird es schon nicht kommen!"

Axel hob die Augenbrauen und murmelte vor sich hin: „Schließlich gibt es ja die Knickerbocker-Bande …"

Bereits am Nachmittag trafen die vier Freunde vor der Fabrikhalle zusammen und kauften sich Eintrittskarten. Die Dame, die sie durch die ägyptischen Kunstschätze führte, hieß Dr. Gliva und ermahnte sie gleich zu Beginn: „Meine Damen und Herren, darf ich Sie bitten, bei der Gruppe zu bleiben. Wir können die Ausstellung nur gemeinsam betreten und verlassen. Jeder Besucher, aber auch jeder Mitarbeiter wird beim Betreten des Saales automatisch gezählt." Dominik verstand nicht, wozu das gut sein sollte. Lieselotte aber kam ein Verdacht.

KRIMI-FRAGE 2:
Welcher Verdacht ist es?

Lilo erklärte ihrem Kumpel den Sinn der Besucherzählanlage. „Ist doch logisch, Dominik. Die Anlage verhindert, dass sich jemand in der Ausstellung oder in der Toilette verstecken und in der Nacht etwas stehlen kann!" Sie hatte jetzt aber eine Frage: „Hat es diese ‚Zählanlage' auch schon vor der Eröffnung der Ausstellung gegeben?"

Dr. Gliva lächelte verlegen. „Nun ja ... in Anbetracht des Wertes der ausgestellten Gegenstände, ja ... ja, es hat sie bereits vorher gegeben", stammelte sie und begann danach sofort mit ihrem Vortrag.

Lieselotte verfolgte die Worte von Frau Dr. Gliva nur mit einem Ohr. Immer wieder ließ sie ihre Blicke durch den Saal schweifen und zwirbelte dabei ihre Nasenspitze mit den Fingern. Ein Zeichen dafür, dass sie angestrengt nachdachte ...

Nach einer Weile blieb die Ägypten-Expertin vor einer Truhe stehen und sagte: „Meine Damen und Herren, Sie sehen hier einen hölzernen Sarkophag mit reichen Verzierungen. Bitte beachten Sie die Farben, die über 2000 Jahre lang erhalten geblieben sind." Axel stieß Lieselotte mit dem Ellbogen an und sagte leise: „Das ist der Sarkophag, von dem mein Onkel erzählt hat ..."

Wieder hatte Lilo eine Frage: „Liegt eine Mumie in diesem Sarkophag?"

Dr. Gliva lächelte milde. „Eine Mumie? Nein! Meines Wissens nach ist der Sarkophag leer. Wir haben ihn erst einen Tag vor der Eröffnung erhalten. Er ist eine Leihgabe von Professor Anubis, dem weltbekannten Pyramidenforscher. Er lebt nicht weit von hier in einer alten Mühle, genannt die ‚Anubis-Mühle'!"

Lilo bedankte sich für die Auskunft und zwirbelte ihre Nasenspitze immer heftiger. „Wir suchen uns die Adresse dieser Mühle heraus und fahren noch heute Abend hin!", beschloss das Superhirn. Es hatte einen sehr starken Verdacht, den es unbedingt überprüfen wollte.

Es dämmerte bereits, als die vier Junior-Detektive bei dem dunklen Holzgebäude eintrafen. Es war nicht sehr hoch und wirkte ein wenig eingesunken, als wäre ihm die Luft ausgegangen. Von einem Mühlrad keine Spur. Aber das war jetzt nicht wichtig. Die Bande hatte beschlossen, sich als Reporter einer Schülerzeitung auszugeben, die einen Bericht über Professor Anubis schreiben wollten. Sie drückten den Klingelknopf und ein donnernder Gong ertönte im Inneren des Hauses. Schritte näherten sich und die Tür wurde aufgerissen. Entsetzt starrten die vier auf die Gestalt vor ihnen. Von der Figur her hatte sie Ähnlichkeit mit einem Menschen. Doch besaß das Wesen einen Hundekopf und trug ein weißes wallendes Gewand.

„He ... ihr könnt euch abregen. Das ist doch nur eine Maske!", kicherte Lilo verlegen.

„Äh, was ... habe ich die Maske auf? Verzeiht mir! Ich wollte euch nicht in Furcht versetzen. Doch ich trage sie oft, die Anubis-Maske", erklärte der Mann, der unter dem Hundekopf zum Vorschein kam. Er war ungefähr 50 Jahre alt und hatte besonders listige, kleine Augen.

„Aber … Anubis, so heißt doch der Professor!", wunderte sich Poppi.

„Der Professor, das bin ich! Anubis ist nur mein Künstlername. Eigentlich war Anubis der Totengott der Ägypter. Eines seiner Kennzeichen war sein Kopf. Der Kopf eines Schakals", erklärte der Hausherr. „Ich habe diese Maske von einem ägyptischen Magier geschenkt bekommen. Ich bilde mir ein, dass sie mir Kraft und Weisheit verleiht. Aber wenn ihr zu mir wollt, warum tretet ihr nicht ein?"

Die Knickerbocker folgten dieser Einladung gerne. Staunend blickten sich die vier im Inneren der Mühle um. Es war wie in einer anderen Welt. Die Wände waren mit ägyptischen Bildern und Schriftzeichen bemalt. Dazwischen hingen riesige Fotografien von ägyptischen Tempeln, des Sphinx und dem Nil. Im Wohnzimmer des Professors war sogar eine Pyramide aufgebaut, die man betreten konnte.

In ihr bot der Professor den vier Junior-Detektiven Platz an. Lilo begann von der Schülerzeitung zu schwindeln und erzählte, dass sie im Museum den Sarkophag gesehen hatten, der aus der Sammlung des Professors stammte. „Angeblich soll in der letzten Nacht eine Mumie durch die Ausstellung gewankt sein", sagte Lieselotte und ließ den Professor dabei nicht aus den Augen. Dieser verzog aber keine Miene. „Unsinn", meinte er dazu nur.

Das Gesicht eines dunkelhäutigen, sehr, sehr ernst blickenden Mannes tauchte in der Einstiegsöffnung der Pyramide auf.

„Das ist Goro, mein Assistent!", stellte ihn der Professor vor. „Was sagen Sie, Goro, diese Kinder behaupten, eine Mumie wäre in der Ausstellung zum Leben erwacht", erzählte er lachend.

Der dunkelhäutige Mann schien nichts Besonderes daran zu finden. „Das wäre nicht das erste Mal! Ich kenne Geschichten von Mumien, die sich dafür gerächt haben, von Männern wie Ihnen aus dem Totenschlaf gerissen worden zu sein."

Professor Anubis überspielte die ernsten Worte mit einem Witz: „Das heißt, ich kann also mit Mumienbesuch rechnen – demnächst! Vielleicht liegt das aber auch an meinem Sarkophag ... Möglicherweise hat er eine ‚aufmunternde' Wirkung für alle Mumien, die in ihm liegen. Er könnte so eine Art ‚Mumien-Wecker' sein ...!" Er lachte schallend.

Goro hatte dafür keinen Sinn. „Mit dem Fluch, der auf allen lastet, die die Toten stören, scherzt man nicht! Professor, ich gehe jetzt und komme in zwei Tagen wieder", verabschiedete er sich.

Lieselotte wurde unruhig: „Herr Professor ... wo ist denn ... die Toilette?"

„Gleich im nächsten Raum, mein Kind! Die ist allerdings ganz und gar nicht ägyptisch!"

Lilo erhob sich und verschwand. Die Geschichte von den Mumien, die sich für die Störung ihres Totenschlafes rächten, hatte sie schon oft gehört. Sie glaubte nicht daran.

Gegenüber der Toilette entdeckte Lieselotte ein weiteres Zimmer. Die Tür war nur angelehnt, und deshalb streckte sie vorsichtig ihren Kopf hinein. Lilo blickte in ein Zimmer mit kahlen Wänden. Auf dem Boden lagen eine Matratze und Berge von Büchern und Zeitschriften. Dazwischen fand sie einen Brief, der an Herrn Goro Abtehal gerichtet war. Sie befand sich also in Goros Zimmer. Lilo wusste, dass es verboten war, fremde Briefe zu lesen. Aber sie hielt es in diesem Fall für wichtig. Irgendwie traute sie diesem Mann nicht. Der Text war englisch, aber das Superhirn schaffte es, ihn zu übersetzen.

Er lautete ungefähr so:

Bruder Goro, ich grüße dich! Seit drei Monden befindest du dich jetzt in diesem Land, das so fern von deinem ist. Wir sind froh, dass du bereit warst, diese wichtige Aufgabe zu übernehmen.

Die Bruderschaft des Sonnengottes hat es sich zur Aufgabe gesetzt, die Kunstschätze und Heiligtümer unseres Landes Ägypten wieder in die Heimat zurückzubringen. Wir kaufen manches, doch für alles fehlt uns das Geld.

Deshalb hast du die Pflicht, Professor Anubis davon zu überzeugen, dass er alle Dinge, die er bei seinen Ausgrabungen gefunden und mitgenommen hat, wieder an unser Land zurückgeben soll.

Ich hoffe auf das Gelingen dieses Vorhabens!
Bruder Amun.

Lieselotte legte den Brief zurück und überlegte: „Und wer sagt, dass dieser Goro nicht stiehlt und die goldene Maske aus dem Museum geholt hat?"

Lieselotte wollte schon zurück in die Pyramide. Da fiel es ihr plötzlich wie Schuppen von den Augen. Nun wusste sie, wer die Maske gestohlen hatte. Es gab dafür sogar einen Beweis!

KRIMI-FRAGE 3:
Wer war es?

Der Rosenkiller

Rosalia Kolin rang die Hände. Die Tränen rollten aus ihren Augen und rannen an ihren Wangen herab. „Dieses Unglück! Dieses Unglück! Wer ist zu so einer Grausamkeit nur fähig?", jammerte sie immer wieder.

Sie stand in einem Glashaus ihrer Gärtnerei, wo sie viele Jahre lang eine neue gelbe Rose mit rotem Rand gezüchtet hatte. In einer Woche wäre es so weit gewesen. Da hätte sie die Rose zum ersten Mal bei einer Gartenbauausstellung präsentiert und damit vielleicht sogar einen Preis gewonnen. Außerdem hätte anlässlich der Ausstellung die Taufe der Rose stattfinden sollen. Eine bekannte Schauspielerin hätte ihr den Namen gegeben. Nun war alles aus und vorbei. In der Nacht hatte ein Unbekannter allen Rosen die Köpfe abgeschnitten.

Weinend hatte Frau Rosalia am Morgen Lilos Mutter per Telefon von der Untat berichtet. Aus diesem Grunde wusste die Bande von dem Fall und war gleich an den Tatort gekommen.

„Haben Sie einen Verdacht, wer das gemacht haben könnte?", fragte Lieselotte bereits zum vierten Mal. Aber die Gärtnerin brachte noch immer keine Antwort heraus. Sie stammelte und stotterte nur und knetete ihr

Taschentuch. „Die Rosen waren in voller Blüte ... frisch und so schön", jammerte sie. „Sie wären der große Erfolg geworden!"

Nachdem das Superhirn den Tatort gründlich untersucht hatte, war es anderer Meinung. „Tut mir Leid, Frau Rosalia, aber ich glaube Ihnen diese Geschichte nicht", verkündete Lieselotte. „Ich glaube vielmehr, dass Sie selbst den Rosen die Köpfe abgeschnitten haben. Sie wollten damit eine Blamage bei der Gartenbauausstellung verhindern. Sie haben nämlich vergessen, Ihre Prachtstücke zu gießen, und das haben Ihnen die Blumen übel genommen. Aber das hätten Sie nie zugegeben. Deshalb haben Sie nach einer anderen Ausrede gesucht!"

Die Gärtnerin war so überrascht, dass sie sofort alles zugab. Die Sache war ihr nun doppelt unangenehm, aber die Bande versprach, niemandem etwas davon zu erzählen. Als Dank sollten alle vier große Muttertagssträuße bekommen!

KRIMI-FRAGE:
Wie kam Lilo auf diesen Verdacht?

Ein Tipp an dich: Schau dir die Rosen genau an, dann findest du die Antwort bestimmt!

Dieb an Bord

„Vielleicht habe ich die Goldkette auch nur verlegt", jammerte Adele Sandbock. Die alte Dame war einen Meter und achtzig Zentimeter groß, mindestens hundert Kilogramm schwer, und wenn sie sprach, klirrten die Kristalllüster an Bord der „Queen Victoria". Das wollte was heißen. Schließlich war die „Queen Victoria" ein mächtiger Hochseedampfer, zurzeit unterwegs in der Karibik. Im Augenblick schien Frau Sandbock allerdings sehr verwirrt und äußerst ratlos. Deshalb hatte sie die Knickerbocker-Freunde auch in ihre Kabine gebeten. „Deine Eltern, Dominik, haben mir von euren Abenteuern erzählt. Deshalb dachte ich, ihr könntet mir helfen. Ich will nämlich nicht unnötig Staub aufwirbeln."

Lieselotte hob die Hand und bat: „Könnten Sie uns zuerst einmal erzählen, was eigentlich geschehen ist?"

Die mächtige Dame versuchte sich genau zu erinnern und nichts auszulassen. „Zu Mittag hat doch der schreckliche Sturm begonnen. Das Schiff hat so geschwankt, dass keiner mehr aufrecht gehen konnte. Deshalb sind alle in ihre Kabinen geflüchtet. So auch ich. Und ich hatte Angst. Große Angst, dass das Schiff sinken könnte. Deshalb habe ich ein Beruhigungsmittel genommen. Ich dürfte aber zu viel davon erwischt haben. Jedenfalls habe ich sehr tief geschlafen. Als ich wieder aufgewacht bin, wurde gerade meine Kabinentür zugezogen. Bis ich mich aufrichten und auf den Gang hinauslaufen konnte, ist fast eine Minute vergangen. Falls jemand in meiner Kabine war, hatte er genug Zeit zu verschwinden. Der Gang war jedenfalls leer."

Dominik wollte den Bericht ein wenig beschleunigen und meinte: „Und danach haben Sie festgestellt, dass Ihre Kette mit den Smaragden verschwunden war?"

Frau Sandbock nickte.

„Haben Sie jemandem erzählt, dass Sie ein Beruhigungsmittel nehmen?", wollte Lilo wissen.

Wieder nickte Frau Sandbock. „Ja, den drei Herren, mit denen ich Karten gespielt habe."

Die Knickerbocker baten sie um die Namen und machten sich auf die Suche. Nachdem sie die Kabinennummern der Herren ausgeforscht hatten, beschlossen sie, alle drei zu besuchen. Der erste, Marius Westhagen, war ein junger Mann, der mit einem seidenen Morgenmantel bekleidet war, als er öffnete.

Wie ein Reporter fragte Axel: „Was haben Sie während des Sturms gemacht?"

Der Mann schien verwirrt. „Wer will das wissen?"

Die Bande grinste. „Wir! Wir schreiben nämlich einen Artikel für die Bordzeitung."

Marius Westhagen schien sehr ungehalten. „Das geht euch überhaupt nichts an. Das ist meine Privatsache!" Er schlug den vieren die Tür vor der Nase zu.

„Es ist eine Parfümwolke aus der Kabine geweht. Ich denke, er hat Damenbesuch!", grinste Dominik.

Der zweite mögliche Dieb hieß Konrad Krammer und überschlug sich vor Freundlichkeit. Er berichtete, dass er sich in den Gängen des Schiffs verirrt hätte und schließlich im Maschinenraum gelandet wäre. „Dort bin ich auf eine der fettigen Maschinen gestürzt und habe mich völlig verdreckt!"

Lieselotte wollte die Flecken gerne sehen, aber das war nicht möglich.

„Die Kleidung befindet sich bereits in der Reinigung", sagte Herr Krammer und grinste verlegen.

Adolf Leidenfrost hieß der dritte Kartenpartner von Frau Sandbock. Er hielt sich nicht in seiner Kabine auf. Die Junior-Detektive fanden ihn in der Bordbibliothek. Es handelte sich um einen besonders feinen Mann in einem makellosen Anzug. „Ich sitze hier seit vielen Stunden und schreibe Briefe. Das beruhigt mich am meisten!", erklärte der Herr mit leiser Stimme und zeigte den vier Freunden viele Blätter Papier, die alle mit einer besonders kleinen, engen Schrift fein säuberlich voll gekritzelt waren. „Ich habe trotz des Unwetters völlig die Zeit vergessen. Wie lange ist es her, dass sich der Sturm gelegt hat?"

Dominik warf einen Blick auf die Uhr. „Ungefähr eine Stunde!"

Kurz danach versammelten sich die Junior-Detektive wieder in der Kabine von Adele Sandbock. „Nun?", fragte die alte Dame.

Lieselotte holte die goldene Kette aus der Tasche und

überreichte sie der Besitzerin. „Der Dieb hat sie freiwillig zurückgegeben. Er behauptet, er hat sie nur gestohlen, um ein Stückchen von Ihnen zu besitzen. Er wäre nämlich ein großer Verehrer von Ihnen!", erzählte das Superhirn grinsend.

KRIMI-FRAGE:
Wer ist der Dieb?
Wodurch hat er sich verraten?

Knack den Tresor 1

Wie lautet die Zahl, die auf dem leeren Feld der Tresorverschlüsse stehen muss? Du kannst sie aus den anderen Zahlen kombinieren!

Poppis Krimi-Tagebuch

Das leere Grab

Eigentlich wollte Gloria Kistmann einen Kirschbaum pflanzen. Aber dann stieß sie mit der Schaufel auf etwas Hartes und stieß gleich darauf einen schrillen Schrei aus. Poppi, die im Garten nebenan mit ihrem Bernhardiner Puffi spielte, kam sofort zum Zaun gestürzt. „Frau Kistmann, was ist los?", fragte sie die Nachbarin.

Die mollige Dame deutete auf das Loch, das sie gebuddelt hatte, und rang nach Luft. Da sie kein Wort herausbrachte, kletterte das Mädchen in ihren Garten und sah sich die Sache selbst an. Als sie einen Blick in das Loch geworfen hatte, war Poppi alles klar. Ein bleicher Totenschädel grinste sie an. Frau Kistmann hatte ein Grab entdeckt. Poppi bekam weiche Knie. Hatte hier jemand eine ... Leiche verscharrt ... Mord?

Poppi starrte mit weit aufgerissenen Augen auf das Skelett und spürte eine Gänsehaut kribbeln. Aber halt, da war noch etwas. Etwas Glänzendes unter dem Kiefer des Totenkopfes. Es sah aus ... wie ein Schmuckstück. Handelte es sich hier vielleicht um ein altes Grab mit wertvollen Beigaben? Da Frau Kistmann noch immer nicht ansprechbar war, verständigte das jüngste Mitglied der Knickerbocker-Bande die Polizei.

Bald stand fest, dass Poppis Überlegung stimmte. Es handelte sich tatsächlich um ein Grab, das wahrscheinlich vor über 1500 Jahren angelegt worden war.

„Bitte, berühren Sie nichts. Archäologen (= Altertumsforscher) vom Kunstmuseum werden sich an Sie wenden und die Ausgrabung professionell vornehmen", ordnete der Polizeibeamte an. Aber an diesem Tag kam niemand mehr. Es begann nämlich heftig zu regnen.

In der Nacht tobte sogar ein Gewitter über der Stadt. Ein krachender Donnerschlag erschreckte Poppi so sehr, dass sie entsetzt aus dem Bett sprang. Sie tappte zum Fenster, um es zu schließen. Wieder zuckte ein Blitz und tauchte die Gärten in grelles Licht. „Da ist wer am Grab!", erkannte Poppi entsetzt. Gespannt wartete sie auf den nächsten Blitz. Er ließ nicht lange auf sich warten. Am Grab war keiner mehr zu sehen. Dafür entdeckte Poppi einen dunklen Schatten, der mit großen, federnden Schritten im Haus verschwand, das sich auf dem Grundstück neben Frau Kistmann befand.

Poppi ließ sich aufs Bett fallen und schnaufte heftig. An Schlaf war nicht mehr zu denken. Hatte sie einen Dieb beobachtet?

Am nächsten Morgen hatte der Regen aufgehört, und Poppi konnte sofort zum Grab, um ihren Verdacht zu prüfen. Die Grube hatte sich leider mit Wasser gefüllt, und deshalb blieb dem Mitglied der Knickerbocker-Bande nichts anderes übrig, als mit der Hand in der trüben Brühe zu fischen. Angewidert schüttelte sich Poppi, als sie mit den Fingern den Totenkopf berührte. Hastig tastete sie weiter nach unten und … griff in den Matsch.

Das Schmuckstück war verschwunden! Da bestand kein Zweifel.

Poppis Überlegung lautete nun: „Die Nachbarn haben alle mitgekriegt, was hier gefunden wurde. Vielleicht hat es jemand aus dem Nachbarhaus geklaut." Die Junior-Detektivin wusste, dass dort nur zwei Leute wohnten. Ein alter, immer missmutiger Professor namens Hubertus Magenschab und eine Schneiderin namens Eleonore Zicka.

Poppi lief in ihr Zimmer und holte ihre Sofortbildkamera. Ungeduldig wartete sie, bis es acht Uhr war. Dann ging sie zum Haus, in dem der Dieb wahrscheinlich zu Hause war, und läutete bei Frau Zicka.

Als die Schneiderin öffnete, trug sie einen kurzen Morgenmantel und Lockenwickler. Das Mädchen knipste sie und grinste unschuldig. „Ich mache für die Schule ein Plakat über unsere Nachbarn", zwitscherte es. Wütend knallte ihr Frau Zicka die Tür vor der Nase zu.

Herr Magenschab war von dem Überfall auch nicht sehr begeistert. Nachdem Poppis Blitzlicht aufgeleuchtet war, beschimpfte er sie als „widerwärtige Göre" und verschwand wieder hinter der Tür.

Zu Hause betrachtete die Detektivin lange und nachdenklich die Bilder. Von der Figur her könnte jeder der beiden die dunkle Gestalt gewesen sein, die sie beobachtet hatte.

Oder doch nicht? ... Schließlich kam Poppi ein Verdacht. Ein paar Stunden später erwies er sich als richtig, und sie konnte der Polizei sagen, bei wem sie das gestohlene Schmuckstück finden würde.

KRIMI-FRAGE:
Bei wem?

Schmuggelt Sandy?

Axel, Lilo, Poppi und Dominik hatten eine neue Aufgabe übernommen. Sie waren diesmal als Aufpasser unterwegs. Ihr Schützling hieß Sandy Miller und war ein junger Schwimmer. Er war nicht nur ein Talent, sondern durch hartes Training mittlerweile Spitzenklasse in der Welt geworden. Obwohl Sandy noch nicht einmal 16 war, flog er bereits von Wettkampf zu Wettkampf, rund um die Welt.

Sandy lächelte von den Titelseiten vieler Zeitungen und Magazine, und es war stets ein frisches, strahlendes Siegerlächeln, das er zeigte. Aber hinter diesem Lächeln verbarg sich noch ein anderer Sandy. Ein junger Mann, der vor allem eines wollte: Geld! Und zwar viel Geld! Sandys Eltern waren arm, und er hatte sich geschworen, nie wieder in die winzige Wohnung zurückzukehren, in der er aufgewachsen war. Seinem Trainer bereitete diese Geldgier großen Kummer.

Aus diesem Grund hatte er die Knickerbocker-Bande zu sich gerufen. „Ich habe einen Verdacht, der mich sehr beschäftigt", erzählte er den vier Junior-Detektiven unter dem Siegel der Verschwiegenheit. „Mehrere Male habe ich sehr seltsame Leute bei Sandy gesehen. Er will mir aber nie sagen, wer sie sind. Sandy behauptet immer, es wären seine Fans, aber das glaube ich ihm nicht.

Ich fürchte, dass er finstere Nebengeschäfte betreibt. Dabei liegt etwas besonders nahe: Er arbeitet wahrscheinlich als Schmuggler. Die Wettkämpfe führen ihn in viele Städte, und das Gepäck eines Spitzensportlers wird nie durchsucht. Das Schrecklichste wäre, wenn er Rauschgift schmuggelt. Falls das eines Tages entdeckt wird, ist es mit seiner Sportlerlaufbahn vorbei. Bitte, versucht herauszufinden, ob mein Gefühl stimmt. Ich hoffe, ihr könnt mir sagen, dass ich mich getäuscht habe."

Zu diesem Zweck waren Axel, Lilo, Poppi und Dominik mit dem Schwimmer nach Moskau geflogen. Sandy hielt die vier für die Gewinner eines Wettbewerbs, die ihn begleiten durften. Er war nett, lächelte immer, redete aber mit ihnen nur über das Schwimmen und sonst nichts. Sandys Lächeln war wie eine dicke Mauer aus Glas, durch die es keine Tür gab.

Die Knickerbocker ließen den Sportler zu keiner Stunde des Tages aus den Augen. Entweder begleiteten sie ihn sehr offen oder sie verfolgten und beschatteten ihn heimlich.

Aber Sandy tat nichts, was irgendwie auf Schmuggel hingedeutet hätte. Seine einzige Leidenschaft – außer dem Training – bestand darin, Sachen zu kaufen. In Moskau erstand er mehrere Dosen Kaviar (= Fischeier, sehr teuer), außerdem ein Uhrenmodell des früheren russischen Geheimdienstes KGB und drei Matrioschka-Puppen, in deren Innerem eine Überraschung klapperte. Es handelte sich um ein typisch russisches Spielzeug, bei dem man die bauchige Holzpuppe in der Mitte auseinander nehmen konnte. Im Inneren war sie hohl und bot Platz für eine weitere bunt lackierte Puppe. Auch diese ließ sich öffnen und enthielt die nächstkleinere Matrioschka. Bis zu 16 Puppen waren oft ineinander geschachtelt. Sandy erstand Ansichtskarten von Sehenswürdigkeiten, eine Flasche Wodka für seine Familie, ein Paar Lederstiefel und zwei russische Pelzkappen, die gegen die klirrende Kälte im Winter schützen sollten. Am letzten Abend vor der Abreise versammelten sich die Knickerbocker im Mädchenzimmer und berieten, was sie tun sollten.

„Gar nichts", lautete Dominiks Meinung. „Wir können dem Trainer die freudige Mitteilung machen, dass er sich völlig umsonst gesorgt hat."

Lieselotte war da noch nicht so sicher. Sie fasste einen sehr gewagten Plan. „Heute Nacht schleiche ich mich in sein Zimmer und untersuche sein Gepäck. Nur so können wir völlig sicher sein, nichts übersehen zu haben!"

Als die Jungen aus dem Zimmer traten, drängte Axel seinen Kumpel plötzlich zurück und spähte vorsichtig am Türrahmen vorbei. Aus Sandys Zimmer war ein Mann gekommen. Er blickte sich hastig um, und als er sah, dass der Gang frei war, eilte er mit großen Schritten zum Lift. Was hatte er bei Sandy gemacht?

Lilo wartete bis zwei Uhr in der Früh, um sicher zu sein, dass der Schwimmer tief und fest schlief. Sandy hatte mehrere Male erwähnt, dass ihn in der Nacht nicht einmal eine Kanone wecken konnte. Und ich hoffe, dass das auch stimmt!, dachte das Superhirn.

Das Hotelzimmer der Mädchen lag gleich neben Sandys Suite, die aus einem Schlaf- und einem großen Wohnraum bestand. Die beiden Balkone waren nur durch eine Kunststoffwand getrennt, die Lieselotte mühelos überklettern konnte.

Die Balkontür stand offen und führte in das Schlafzimmer. Aus dem Bett des Jungen drang gleichmäßiges, tiefes Atmen. Der Schwimmer schien tatsächlich gut zu schlafen.

Auf Zehenspitzen schlich die Junior-Detektivin weiter in den Wohnraum, wo Sandys Koffer offen auf dem Boden stand. Viel war nicht darin, aber der Sportler trug auch nur Trainingsanzüge und höchstens ab und an Jeans. Dementsprechend spärlich war sein Gepäck.

In dem Koffer lagen kreuz und quer die Souvenirs. Lilo überblickte sie mit einem schnellen Blick. Sorge bereiteten ihr nur die Matrioschka-Puppen, die vielleicht ein Geräusch verursachen konnten. Sie nahm die Figuren vorsichtig in die Hand und war erleichtert, als nicht das leiseste Klappern ertönte. Danach untersuchte sie die Kaviardosen, die Wodkaflasche, die Pelzmützen, die Stiefel und das restliche Kleinzeug. Aber das Mädchen konnte nichts entdecken. Enttäuscht kehrte es in sein Zimmer zurück und warf sich auf das Bett. Sandy hatte etwas auf dem Kerbholz, das stand für Lilo fest. Aber er schien bedeutend klüger und gerissener zu sein, als sie vermutet hatte. Falls er schmuggelte, war die Ware sehr gut versteckt. Aber wo? Wo? Wo?

Moment mal! Das Superhirn richtete sich auf. Natürlich, jetzt wusste sie es. Der Fall war für Lieselotte klar. Und was im Augenblick nur ein Verdacht war, erwies sich bald darauf als richtig! Zum Glück konnte der Trainer den jungen Sportler vor dem Schlimmsten bewahren und ihn auf die rechte Bahn zurückbringen!

KRIMI-FRAGE:
Was war Lieselotte eingefallen?

Knack den Tresor 2

Wie lautet die Zahl, die auf dem leeren Feld der Tresorverschlüsse stehen muss? Du kannst sie aus den anderen Zahlen kombinieren!

Unglaubliche Briefe

Axels Tante Felicitas ist einfach unglaublich. Das beginnt bei ihrem Gewicht: 150 Kilogramm. Falls es mehr beträgt, weiß das Tante Fee nicht, da ihre Badezimmerwaage nicht mehr anzeigt. Früher hat sie im Zirkus Schlangen und Krokodile vorgeführt. Danach hat sie mit diesen Tieren einen Bauernhof unsicher gemacht. Später lebten ihre „Lieblinge" in einem Tiergarten und Tante Felicitas konnte endlich das machen, was sie schon lange vorhatte: eine Weltreise.

Von vielen Orten schickte sie Briefe an die Knickerbocker-Bande. Unglaubliche Briefe, wie könnte es bei Tante Fee anders sein. Manche waren gelogen, andere wahr. Für die vier Junior-Detektive waren sie ein gutes Training.

Deine Aufgabe lautet daher: Finde heraus, ob der Inhalt der Briefe erlogen oder wahr ist!

BRIEF NUMMER 1:

Meine Lieben!

Hütet euch vor Muränen. Kennt ihr diese Fische? Sie werden bis zu drei Meter lang, sehen aus wie Schlangen und beißen wie hungrige Wölfe. Ein Mann aus meiner Reisegruppe war tauchen und ist dabei zu nahe an einen Felsen geraten. Muränen verstecken sich in Felsspalten, sodass nur ihr Kopf herausschaut. Leider verwechseln sie Taucher in schwarzen Taucheranzügen leicht mit ihrer Lieblingsspeise: Tintenfisch.

Der Mann hat mir erzählt, dass die Muräne wie ein Blitz aus ihrem Versteck geschossen sei und ihm in den Arm gebissen habe. Die Tiere haben leider die Angewohnheit, nicht mehr loszulassen. Manchen Taucher hat das bereits das Leben gekostet, da ihm nach einer Weile der Sauerstoff ausgegangen ist und er von der Muräne unter Wasser gehalten worden ist. Mein Begleiter konnte zum Glück von zwei anderen Tauchern nach oben gezerrt und gerettet werden. Ins Krankenhaus musste er trotzdem und seine Schmerzen sind groß.

Ich sitze deshalb lieber am Strand und lasse mir die Sonne auf meinen Bauch scheinen.

Gruß und Kuss, Tante Fee

KRIMI-FRAGE 1:
Ist die Geschichte wahr oder gelogen?

BRIEF NUMMER 2:

Meine Lieben!

Melde mich aus England! Habt ihr gewusst, dass England die Heimat des Sandwich ist? Während ich mir ein Gurkensandwich, zwei Hühnersandwiches und drei Schinkensandwiches gönne, blicke ich auf die Burg, in der der Erfinder dieser Köstlichkeit zu Hause war. Sein Name: Earl of Sandwich. Er war ein leidenschaftlicher Kartenspieler und es störte ihn immer sehr, eine Kartenpartie unterbrechen zu müssen, weil Essenszeit war. Deshalb trug er seinem Butler eines Tages auf, Schinken und Gurken zwischen zwei Weißbrotscheiben zu legen. Für diese Speise benötigte er kein Besteck. Er konnte sie mit den Fingern nehmen und abbeißen, Kartenspielen war dabei auch noch möglich. Von nun an hießen diese Brote Sandwich, benannt nach ihrem Erfinder!

Schmatz und Gruß,
Tante Felicitas

KRIMI-FRAGE 2:
Ist die Geschichte wahr oder gelogen?

BRIEF NUMMER 3:

Meine Lieben!

Habt ihr gewusst, dass es auch im Meer Berge gibt? Ja, ihr habt richtig gelesen. Wie auf der Erdoberfläche gibt es auch unter Wasser Berge. Über 10 000 sind es,

und hier, in der Nähe von Neuseeland, wo ich mich zurzeit aufhalte, befindet sich der höchste Meeresberg der Welt. Er ist 8690 Meter hoch und seine Spitze liegt 365 Meter unter der Wasseroberfläche. Die Spitze dieses Berges muss man wenigstens nicht besteigen. Man kann ganz einfach zu ihr hinuntertauchen! Auf diese Art könnte sogar mir das Erklimmen eines Gipfels gefallen.
Blub-blub-duliööö!
Tante Felicitas

KRIMI-FRAGE 3:
Ist die Geschichte wahr oder gelogen?

BRIEF NUMMER 4:

Lieber Axel, liebe Lilo, lieber Dominik und liebe Poppi!
Nach der Hitze des Sommers in Europa tut die Abkühlung gut. Ich befinde mich hier in der Antarktis, also in der Nähe des Südpols, und habe im Licht der Mitternachtssonne bereits Robben und Pinguine gesehen. Habt ihr gewusst, dass die Pinguinmännchen die Eier ausbrüten? Sie nehmen sie zwischen die Beine und brüten auf diese Art.
Eiskalte Grüße,
Tante Fee

KRIMI-FRAGE 4:
Ist der Brief wahr oder gelogen?

BRIEF NUMMER 5:

Liebe Knickerbocker-Bande!

Wie wäre es mit einem Bandenhaus aus Bambus? Hier in China gibt es jede Menge Bambusbäume. Sie wachsen bis zu 90 Zentimeter an einem Tag und werden dadurch besonders hart. Bambusbäume werden rund sechs Meter hoch, und in einem Bambuswald blühen alle Bäume zur selben Zeit. Danach werfen sie Samen aus und sterben alle gleichzeitig ab. Aus den Samen wächst innerhalb kürzester Zeit ein neuer Bambuswald!

Viele Grüße, Tante Fee

KRIMI-FRAGE 5:
Wahr oder gelogen?

BRIEF NUMMER 6

Liebe Knickerbocker!

Hier im südamerikanischen Dschungel lebt mein Lieblingstier: das Faultier! Es hängt so faul auf dem Baum, dass sein Fell sogar grün vor Algen ist!!! Es schläft 20 Stunden am Tag und bewegt sich auf dem Boden mit einer Spitzengeschwindigkeit von zwei Metern in der Minute!!! Warum kann ich kein Faultier sein?

Das fragt sich eure Tante Felicitas

KRIMI-FRAGE 6:
Wahr oder gelogen?

Wo ist Bertram Notnagel?

Da am Ende des Monats von Lieselottes Taschengeld wieder einmal sehr wenig übrig war, half das Oberhaupt der Knickerbocker-Bande seiner Tante Elfie an der Tankstelle. Während die Tante das Benzin abfüllte, putzte Lilo die Scheiben der Wagen. Erstens gab es dafür immer Trinkgeld von den Fahrern, und zweitens erhielt sie außerdem pro Stunde ein hübsches Sümmchen von ihrer Tante.

Gerade als drei Autos gleichzeitig zur Tankstelle einbogen, klingelte das Telefon neben der Wasserstelle. „Bitte, heb du ab!", rief Tante Elfie.

Lieselotte lief zum Apparat und meldete sich mit einem hektischen: „Ja, hallo?"

Am anderen Ende sprach eine leise, heisere Stimme. „Fragen Sie nicht nach meinem Namen. Schreiben Sie nur mit!", forderte sie. Das Superhirn traute seinen Ohren nicht. „Ich weiß, wo sich Bertram Notnagel befindet."

Bei dem Mädchen fiel ein Groschen. Bertram Notnagel war ein viel gesuchter Verbrecher. Ein äußerst gefährlicher Verbrecher, der kaum vor etwas zurückschreckte. Die Polizei suchte ihn wegen eines Banküberfalls, bei dem er auch Geiseln genommen und verletzt hatte, im ganzen Land, leider vergeblich.

„Er befindet sich in einem Wagen mit dem Kennzeichen OL 722 N. Jetzt tut endlich einmal etwas Nützliches, Bullen!"

Das schnelle Tuten im Hörer verriet, dass der Anrufer aufgelegt hatte. Lieselotte kritzelte mit dem Finger OL 722 N in die Schmutzschicht auf der Kachelwand. Sie erinnerte sich, dass bereits einige Male Anrufer bei der Tankstelle gelandet waren, die eigentlich für die Polizeistation bestimmt waren. Die hatte nämlich eine sehr ähnliche Telefonnummer. Das Mädchen holte tief Luft und beschloss, sofort die Polizei zu verständigen.

Allerdings kam es nicht dazu. Es fuhr nämlich ein Tankwagen auf die Zapfsäulen zu, der an und für sich nichts Besonderes war. Auffällig war nur sein Nummernschild OL 722 N. Dem Oberhaupt der Knickerbocker-Bande stockte das Blut in den Adern. Ein gesuchter und gefürchteter Verbrecher befand sich auf Tante Elfies Tankstelle. Die Polizei musste sofort kommen, aber würde sie es so schnell schaffen? Lilo wählte die Notrufnummer und gab mit wenigen Worten durch, was los war. Die Funkstreife sollte sofort eintreffen.

Danach lief das Superhirn zu seiner Tante und raunte ihr zu: „Bitte, lass dir Zeit! Fülle den Tank langsam. Sehr langsam!"

Die Tankstellenbesitzerin verstand kein Wort, tat aber, was ihre Nichte verlangt hatte. Das Mädchen machte sich in der Zwischenzeit daran, die Fenster zu putzen. Dabei hatte es Gelegenheit den Fahrer zu betrachten. Es war ein unauffälliger Mann mit rotblondem Vollbart. Er machte nicht den Eindruck, als wäre er in Eile oder als hätte er etwas zu verbergen. Auf keinen Fall handelte es sich bei ihm um Bertram Notnagel. Der sah anders aus.

Lilo wischte lange und umständlich über die Windschutzscheibe. Dabei verrenkte sie sich fast den Hals, um einen genauen Blick in das Fahrerhäuschen werfen zu können. Verdächtiges war darin aber nicht zu erkennen. Allerdings lag hinter dem Fahrersitz eine Schlafkoje, die durch einen Vorhang abgetrennt war. Dort konnte sich der Verbrecher verstecken. Als hätte er ihre Gedanken gelesen, beugte sich der Lenker zu dem Vorhang, schob ihn beiseite und holte eine Tasche hervor. Auch die Schlafkoje war leer. Handelte es sich bei dem Anruf nur um einen müden Scherz? Nein, es gab eine Möglichkeit! Der Tank bot viel Platz. Er war mindestens vier Meter lang und einen Meter und fünfzig Zentimeter hoch. Das Mädchen umrundete den Wagen und blickte auf die Anzeige, auf der man die Füllmenge ablesen konnte. Sie bestand aus einem durchsichtigen Rohr, in dem eine weiße Flüssigkeit bis zum obersten Teilstrich stand. Das bedeutete zweierlei. Erstens hatte der Tankwagen Milch geladen und zweitens war er randvoll. Er enthielt laut der Anzeige 8000 Liter Flüssigkeit. Das war also auch kein Versteck.

Der Fahrer zahlte und ließ den Motor an. Aus einem Gefühl, das Lieselotte auch nicht genauer beschreiben konnte, spürte sie, dass sie dem Tankwagen auf der Spur bleiben sollte. Sie schwang sich auf ihr Fahrrad, rief

Tante Elfie etwas von „Komme gleich wieder" zu und folgte dem Fahrzeug. Immer wieder ließ sie den Abstand zwischen dem Tankwagen und sich größer werden, damit der Fahrer sie nicht bemerkte. Dieser fuhr gleichmäßig schnell und versuchte kein einziges Mal, sie abzuhängen. Nach sechs Kilometern Fahrt bog er in eine Molkerei ein. Vom Tor aus beobachtete Lilo, wie er mit einem Schlauch die Milch in Kunststofffässer abfüllte. 400 stand in schwarzen Zahlen darauf. Der Buchstabe L dahinter ließ annehmen, dass jedes Fass 400 Liter fasste. Insgesamt füllte der Fahrer 19 Fässer, bevor sein Tank leer war. Er verschwand kurz im Büro der Molkerei und kehrte mit einem Zettel zurück. Anschließend setzte er die Fahrt fort, wobei Lieselotte ihn nun nicht mehr verfolgte. Seine Unschuld stand für sie fest.

Während sie langsam zurück zur Tankstelle radelte, ließ sie sich die Sache noch einmal durch den Kopf gehen. Nein, sie hatte nichts übersehen. Oder doch? Plötzlich fiel es dem Mädchen wie Schuppen von den Augen. Doch!!! Es hatte etwas übersehen. Lilo trat fest in die Pedale. Sie musste sofort die Polizei anrufen. Zum Glück kam ihr ein kurzes Stück später ein Streifenwagen entgegen. Das Superhirn stoppte ihn und erzählte den Polizisten von seinem Verdacht.

Am Abend wurde in den Fernsehnachrichten die Festnahme von Bertram Notnagel bekannt gegeben. Ein gefährlicher Verbrecher kam endlich hinter Gitter.

KRIMI-FRAGE:
Was hat das Superhirn herausgefunden?

Knack den Tresor 3

Wie lautet die Zahl, die auf dem leeren Feld der Tresorverschlüsse stehen muss? Du kannst sie aus den anderen Zahlen kombinieren!

Anton,
der Angeber

SCHULFALL DOMINIK

In Dominiks Klasse gab es einen Jungen, den er nicht ausstehen konnte. Er hieß Anton und war der größte Angeber der Welt. Sein Vater fuhr immer die schnellsten Autos, seine Mutter trug den teuersten Schmuck und er selbst erlebte die tollsten Sachen. Doch kein Wort von dem, was Anton erzählte, war wahr. Er log, dass die Balken krachten. Trotzdem gab es einige in der Klasse, die seine Aufschneidereien großartig fanden und in der Pause bewundernd um ihn herumstanden.

Dominik war schon allein deshalb auf Anton sauer, weil keiner seiner Schulkollegen ihn so sehr bewunderte. Dabei spielte er beim Theater, hatte schon in Filmen mitgewirkt und war als Mitglied der Knickerbocker-Bande in die irrsten Fälle verwickelt. Ich muss den anderen einmal beweisen, dass Anton immer schwindelt und sie ihm nicht jeden Mumpitz glauben sollen!, dachte der Junge.

Dieser Tag kam. In der 10-Uhr-Pause berichtete Anton von seinem neuesten Wochenenderlebnis: „Ich habe an einem Weltrekordversuch teilgenommen. Wir haben es auch geschafft, den höchsten Turm aus Münzen zu bauen. Er besteht aus 660 322 einzelnen Münzen, stellt euch das vor. Damit komme ich ins Buch der Rekorde. Bereits im nächsten Jahr werdet ihr dort meinen Namen lesen."

Wieder einmal fielen die anderen Schüler auf diese Geschichte herein und staunten und hauchten „Ah!" und „Oh!". Aber Anton war noch nicht fertig: „Ich hatte bei diesem Weltrekordversuch die wichtigste Aufgabe. Ich habe die Münzen gezählt, damit alles mit rechten Dingen zugeht!"

Dominik verdrehte die Augen und blubberte mit den Lippen. Er hielt das Gequassel kaum noch aus. Plötzlich aber wusste er, dass er Anton diesmal die Schwindelei auf der Stelle nachweisen konnte. Der Angeber errötete bis in die Haarspitzen und gab zähneknirschend zu, dass Dominik Recht hatte.

KRIMI-FRAGE:
Was konnte Dominik beweisen?

Die Schönheitskatze

Mittagspause in der Ausstellung der „Schönsten Katzen der Welt". Über 50 Rassekatzen saßen in weißen Käfigen und hatten sich den ganzen Vormittag lang bewundern lassen. Um 12 Uhr war für zwei Stunden Schluss. Die Besitzer der edlen Tiere versorgten ihre Lieblinge mit Wasser und Futter und gingen anschließend selbst essen.

Zurück blieben Poppi und eine sehr kleine, sehr dünne Frau, die dem Mädchen durch ihre hervorquellenden Augen aufgefallen war. Sie sprach wenig und kümmerte sich nur um ihre drei Katzen, die sie zur Ausstellung gebracht hatte. Zwei davon waren in dem Schönheitswettbewerb, der außerdem stattfand, in der Endrunde gelandet. Sie wollte die Tiere noch einmal bürsten.

Poppi spielte in der Zwischenzeit mit den anderen Katzen, denen zum Teil sehr langweilig war. Kurz nach 13 Uhr hörte das Mädchen, wie ein Fenster geöffnet wurde, dachte sich dabei aber nichts. Ein Käfig klirrte. Poppi war so sehr mit der langhaarigen Perserkatze beschäftigt, dass sie auch weiter nichts unternahm. Erst eine Viertelstunde später setzte sie die Perserkatze in ihren Käfig zurück und schlenderte in den hinteren Teil der Ausstellung. Dort lag, ausgestreckt auf dem Boden, die dünne Frau mit den Froschaugen. Sie bewegte sich nicht. Poppi kniete sich neben sie und rüttelte sie an der Schulter. Die Frau stöhnte und öffnete mühsam die Augen. Mit Poppis Hilfe konnte sie sich aufsetzen.

„Ist Ihnen nicht gut?", fragt das Mädchen besorgt. Die Frau deutete auf das offene Fenster und erzählte stockend: „Ein Mann ... ein fetter Mann ... ist hereingeklettert ... er hat ... Prinz mitgenommen ... die Katze mit dem blauen Fell. Als ich sie ihm wegnehmen wollte, hat er mich so heftig zur Seite gestoßen, dass ich gegen die Wand geknallt bin. Ich ... war bewusstlos."

Das jüngste Mitglied der Knickerbocker-Bande kombinierte schnell. „Das war also das Fenster und das Käfigklirren, das ich gehört habe."

Die Junior-Detektivin sprang auf und blickte durch das Fenster hinunter. Die Ausstellung befand sich im ersten Stock. Darunter war der Garten des Hauses. Im Gras lag die Leiter, die der Mann benutzt hatte. Poppi lief hinunter und untersuchte die Stelle, wo die Leiter gestanden hatte. Die beiden flachen Abdrücke der Steher waren noch deutlich zu erkennen. Andere Hinweise auf den Katzendieb fand das Mädchen allerdings nicht. War die Katze vielleicht entführt worden, um Lösegeld für sie zu fordern? Prinz hatte große Chancen, den Schönheitswettbewerb zu gewinnen, und ihm winkte ein hohes Preisgeld.

Als Poppi in die Ausstellungsräume zurückkehrte, war ihr plötzlich etwas klar. Sie ging zu der Frau und sagte: „Sie haben mich angelogen. Das kann ich sogar beweisen. Wenn Sie Prinz sofort in seinen Käfig zurücksetzen, werden Ihre Katzen vielleicht nicht gewinnen. Dafür haben Sie es aber auch nicht mit der Polizei zu tun!"

Die Frau war fassungslos. Sie hatte doch alles genau geplant. Trotzdem war ihr ein schwerer Fehler unterlaufen.

KRIMI-FRAGE:
Welchen Fehler hat die Frau gemacht?

Unternehmen Wüstenwurm

Ferien am Rande der Wüste! Ein paar aufregende Tage in einer prachtvollen Oase! Das war ein Hit! Da waren sich die vier Mitglieder der Knickerbocker-Bande einig.

Aber es kam noch besser! Am dritten Tag des Urlaubs stand ein Kamelritt auf dem Programm. Begleitet wurden die Junior-Detektive von Farid, einem erfahrenen Wüstenführer.

Nachdem sie mehr als drei Stunden in der glutheißen Sonne geritten waren, geschah es. Dominiks Kamel brach völlig unerwartet aus der Karawane aus und galoppierte Richtung Süden. Der Junge klammerte sich verzweifelt am Hals des Tieres fest, doch das Kamel war nicht zu stoppen. Es raste in die öde Sandwüste hinaus. Ohne Grund blieb es dann plötzlich stehen, warf den Kopf unruhig hin und her und begann zu schnauben. Aufgeregt tänzelte es vor und zurück und schien große Angst zu haben.

Dominik stutzte. Was war das? Das Säuseln des Wüstenwindes wurde von einem dumpfen Knirschen und Poltern übertönt.

Da schoss ungefähr 100 Meter vor dem Junior-Detektiv ein Ungetüm aus dem Boden, das große Ähnlichkeit mit einem U-Boot hatte. An seiner Stirnseite drehten sich zahlreiche kantige Bohrer. Dominik traute seinen Augen nicht und spürte, wie sich seine Muskeln vor Aufregung anspannten.

Handelte es sich um eine Fata Morgana?

Genauso schnell, wie es aufgetaucht war, verschwand das Monstrum wieder im Boden. Einige Sekunden lang war noch ein dumpfes Grollen zu hören, bevor wieder Ruhe einkehrte.

Während Dominik überlegte, was er da gerade beobachtet hatte, näherten sich seine Freunde.

Noch immer ziemlich geschockt, berichtete der Junge, was er erlebt hatte.

Axel rief: „Das Gerät erinnert mich an Maschinen, die für Tunnelbohrungen verwendet werden."

Lilo zwirbelte ihre Nasenspitze und meinte: „Hört sich an, als würde jemand mit dem Ding in der Wüste nach etwas graben …"

Aber wonach? Farid hatte noch nie von so einem „Wüstenwurm" gehört. Die Knickerbocker-Bande witterte ein Geheimnis, das es zu lüften galt.

Nach ihrer Rückkehr zur Oase sprachen sie mit mehreren Leuten über ihre Beobachtung und erfuhren verschiedene interessante Dinge.

▶ „Eine Sage erzählt, dass im Wüstensand Riesenwürmer leben. Sie sollen schon ganze Kamele verschlungen haben."

▶ „Ich könnte mir vorstellen, dass ein Tunnel durch die Wüste gegraben wird."

▶ „In der Wüste soll sich ein unterirdisches Labor befinden, in dem verbotene Atomwaffentests durchgeführt werden."

▶ „Möglicherweise wird heimlich eine unterirdische Stadt angelegt, in der einmal Menschen wohnen sollen."

▶ „Dominiks Beschreibung zufolge handelt es sich doch um ein Gerät, das sich auch durch festes Gestein bohren kann – nicht gerade ungefährlich!"

▶ „Für mich klingt das nach einer Schatzsuche. Hier hat noch nie jemand von so einem Grabwurm gehört."

▶ „Vor vielen Jahren hat die Stadt gebebt. Immer wieder haben Leute behauptet, dass das kein normales Erdbeben war. Das Beben soll durch Sprengungen ausgelöst worden sein."

▶ „Das Labor wurde schon lange geschlossen. Aber noch immer lagert radioaktives Material in einem Betonbunker – tonnenweise! Das Zeug ist wertvoller als Gold."

▶ „Das Gerät erkundet den Boden der Wüste. Es wird von Forschern benutzt, die herausfinden wollen, welche Gebiete sich für Pflanzungen eignen könnten."

▶ „Das war bestimmt ein unterirdischer Satellit. So etwas gibt es!"

Nachdem die vier Knickerbocker die verschiedenen Stellungnahmen eingeholt und protokolliert hatten, zogen sie sich zu einer langen Beratung zurück.

Für Lieselotte stand bald fest, dass einige Aussagen zusammenhingen.

Axel war es, der schließlich erkannte, was in der Wüste vor sich ging. Zuerst wollte keiner den vier Junior-Detektiven glauben, aber schließlich wurden doch Ermittlungen angestellt.

Ihr Verdacht bestätigte sich: Einige Wochen später entnahmen die Knickerbocker der Zeitung, dass durch ihre Hartnäckigkeit ein gefährliches Verbrechen verhindert werden konnte.

KRIMI-FRAGE:
Um welchen schrecklichen Plan handelte es sich?

Bernhardiner mit Führerschein

Es war bereits kurz vor 22 Uhr, als Axel auf seinem Mountainbike auf der Landstraße nach Hause radelte. Er beugte sich tief über die Lenkstange und trat fest in die Pedale, denn er wollte so schnell wie möglich sein Ziel erreichen. Rund um ihn herrschte rabenschwarze Nacht, die ihm Angst einjagte.

Die Fahrradlampe, die über dem Vorderrad befestigt war, warf nur einen schwachen und nicht sehr langen Lichtkegel auf den grauen Asphalt der Fahrbahn. Obwohl der Junge bereits zwanzig Minuten fuhr, war ihm bisher noch kein einziges Fahrzeug entgegengekommen. „Schneller, schneller, schneller!", trieb sich der Junior-Detektiv selbst an.

Plötzlich flammten links vor ihm zwischen den Bäumen eines kleinen Waldes zwei Scheinwerfer auf. Axel erschrak so sehr, dass sein Herz einen Sprung machte. In der nächsten Sekunde hörte er, wie ein Motor gestartet wurde, und atmete erleichtert auf. Es handelte sich also um ein Auto, das auf einem Waldweg abgestellt war. Der Junge vermutete darin ein Liebespaar, das … na ja … hmmmm! Axel verringerte sein Tempo, da die Wagenscheinwerfer ihn blendeten, und hielt an.

„Saukerl, schalt das Abblendlicht ein!", schrie er wütend, als das Fahrzeug an ihm vorbeirollte. Für den Bruchteil einer Sekunde konnte er durch die Windschutzscheibe in das Innere des Wagens blicken. Dieser eine Blick genügte, um ihn fast aus dem Sattel zu kippen.

Am Steuer des Autos saß ein Bernhardiner! Axel presste die Augen fest zusammen, riss sie wieder auf und wollte sich vergewissern, ob er richtig gesehen hatte. Aber da war das Auto bereits einige Meter hinter ihm und raste davon. Der Junge zitterte vor Angst und Aufregung am ganzen Körper. Hatte er geträumt? Oder war da gerade wirklich ein Bernhardiner Auto gefahren?

Den Rest der Strecke legte Axel im Rekordtempo zurück, und zu Hause angekommen, telefonierte er sofort mit seiner Freundin Lieselotte.

Das Superhirn der Bande glaubte ihm zuerst kein Wort. „Quatsch nicht, du willst mich nur auf den Arm nehmen!", ätzte Lilo.

„Nein, es war wirklich so!", versicherte ihr Axel.

Das Mädchen wollte mehr über das Auto wissen. „Wie hat es ausgesehen? Konntest du etwas erkennen?"

Axel überlegte. „Nicht viel, weil die Scheinwerfer auf Fernlicht geschaltet waren und mich total geblendet haben."

Lieselotte kam ein Verdacht: „Das kann Absicht gewesen sein!"

In Axels Erinnerung tauchte jetzt aber doch einiges auf: „Das Auto war ... glaube ich ... dunkelgrün ... altes Modell! So ein Sportwagen ... aber mehr weiß ich nicht!"

Am anderen Ende der Leitung herrschte für einige Sekunden Stille.

„He, bist du noch dran?", erkundigte sich Axel.

„Ja", meldete Lieselotte. „Aber mir ist gerade etwas eingefallen. Es kann nur ein Zufall sein, aber vielleicht auch nicht ... Heute am Nachmittag ist bei dir in der Nähe ein Juwelier überfallen worden. Der Täter trug eine Panzerknacker-Maske und hat Schmuck im Wert von vier Millionen geklaut. Er ist zu Fuß entkommen. Der Juwelier hat ihn aber verfolgt und beobachtet, dass er in einen grünen Sportwagen eingestiegen und damit geflüchtet ist. Das Kennzeichen war abmontiert, und die Marke hat er auch nicht erkennen können."

Axel spann Lieselottes Gedanken weiter. „Du denkst, der Dieb hat sich im Wald versteckt und nun die Fahrt fortgesetzt!", sagte er.

Das Superhirn bejahte. „Du musst sofort die Polizei verständigen und Meldung machen", riet ihm Lilo. „Schließlich gibt es jetzt einen wichtigen Hinweis auf das Fluchtauto, der die Fahndung bedeutend einfacher macht. Grüne Sportwagen gibt es viele, aber ..."

„... nur einer wird von einem Bernhardiner gelenkt!", fiel Axel ihr ins Wort.

„Karierter Quatsch", schnauzte ihn Lieselotte an. „Es geht um etwas ganz anderes. Hast du das noch immer nicht kapiert?"

Axel brummte etwas, das nach nein klang, und war wütend auf sich selbst. Wieso hatte seine Freundin den Durchblick und er nicht?

Übrigens: Die Fahndung war erfolgreich. Noch in

derselben Nacht wurde der Juwelendieb gefasst. Es handelte sich um eine junge Frau, die bereits in mehreren Ländern gesucht wurde. Ihr „Komplize", der Bernhardiner, war bei ihr. Die Beute konnte im Wald sichergestellt werden, wo sie die Frau vergraben hatte.

KRIMI-FRAGE:
Welcher wichtige Hinweis hat der Polizei sehr geholfen?

Die Bikini-Party

Anatol Klondeik hatte alles genau geplant. Pünktlich um 8 Uhr am Abend trafen 25 Luxuslimousinen der Marke Rolls-Royce vor seiner Villa ein. Ihnen entstiegen 75 Gäste, die er zu seiner Diamantenparty geladen hatte.

Anatol Klondeik war Juwelier und hatte nur die Reichsten der Superreichen als Kunden. Jedes Jahr veranstaltete er ein großes Fest, zu dem er ausschließlich die Leute einlud, die in der Vergangenheit das meiste Geld in seinem Laden gelassen hatten. Natürlich gab es bei jedem dieser Feste eine Sensation: Diesmal präsentierte Herr Klondeik das „Auge des weißen Dämons". So hieß ein fast hühnereigroßer geschliffener Diamant, der Millionen wert war.

Aber auch wenn seine Gäste alle im Geld baden konnten, misstraute ihnen der Schmuckhändler. Deshalb hatte er sich für das Fest einiges ausgedacht. Niemand durfte in seinem eigenen Wagen kommen. Alle Besucher wurden von einem Rolls-Royce abgeholt. Auf diese Art und Weise konnte er sicher sein, dass kein ungebetener Gast darunter war.

Es gab weder Kellner noch Serviermädchen. Das Büfett und die Getränke betreuten seine eigenen Kinder. Außerdem – und das war wohl der größte Scherz an der Party – durfte keiner einen Anzug oder ein Abendkleid tragen. Es waren nur Badehosen und Bikinis erlaubt.

Anatol Klondeik fühlte sich so sicher, dass er es sogar wagte, das „Auge des weißen Dämons" ohne Bewacher auf einem dunkelroten Samtkissen auszustellen. Das Kissen lag auf einer Säule, die sich auf der Terrasse befand.

Das Wetter machte dem Juwelier allerdings einen Strich durch die Rechnung.

Als alle Gäste sich versammelt und das Glas auf den Schmuck-Heini erhoben hatten, brach ein Gewitter los. Bereits der erste Blitz schlug in die Villa Klondeik ein und ließ die Sicherungen zerbersten. Das Haus und der Garten lagen für Sekunden in absoluter Dunkelheit. Ein Schrei ging durch die Menge.

Aber Herr Klondeik hatte an alles gedacht. Er besaß einen Notstromkreis, der sich automatisch einschaltete und einige Beleuchtungskörper in Gang setzte. Das schwache Licht reichte aus um zu sehen, dass der Riesendiamant verschwunden war. Die Polizei, die kurze Zeit später eintraf, konnte ihn bei keinem der Gäste finden. Auch im Garten und im Haus blieb die Suche ergebnislos.

Durch Max, den Sohn von Herrn Klondeik, erfuhr die Knickerbocker-Bande von dem Vorfall. Lieselotte knetete wieder einmal ihre Nasenspitze und meinte: „Für den Diebstahl kommt eigentlich nur jemand infrage, der nahe am Kissen gestanden und die Gelegen-

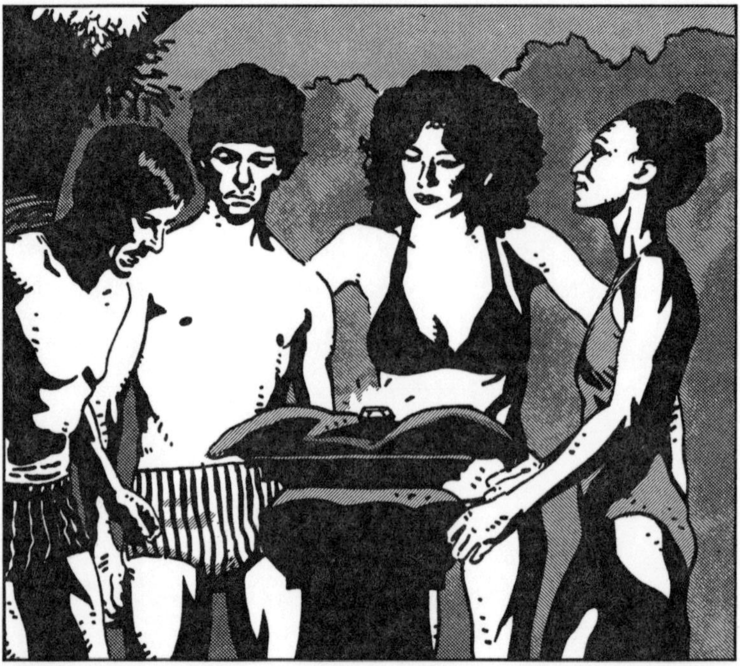

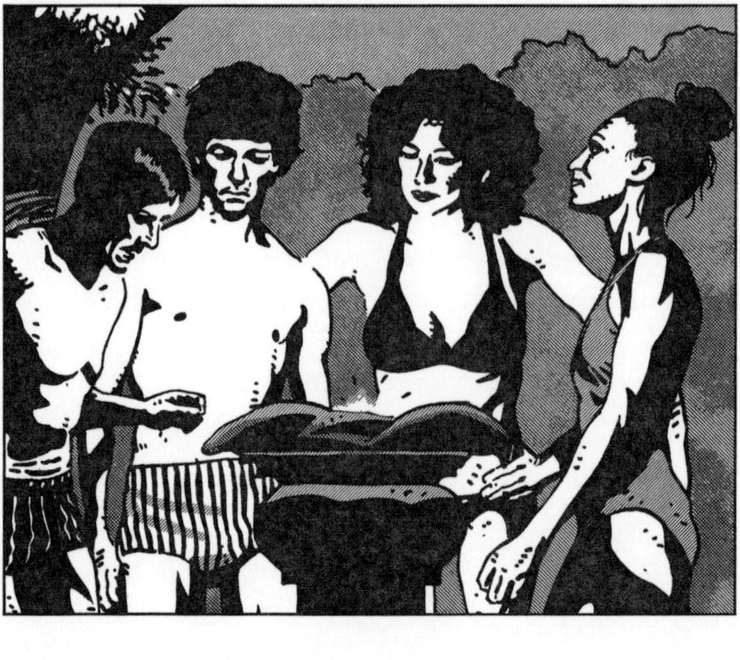

heit genutzt hat. Max, gibt es vielleicht Fotos?" Max versprach, diese zu besorgen.

In der Tat beschaffte er bis zum nächsten Tag einige Bilder. Eines davon war kurz vor dem Diebstahl geknipst worden.

Natürlich hatte der Fotograf noch einmal abgedrückt, als das Licht wieder anging und der Diebstahl entdeckt wurde. Dieses Foto ließ sich gut an Zeitungen verkaufen.

Lieselotte wiegte den Kopf. „Ich kann mich auch total irren, aber ich glaube, ich weiß, wer der Dieb ist!"

Max konnte das nicht glauben. „Aber es hatte doch keiner eine Tasche, wo er das Ding hätte hineinstecken können."

Lieselotte grinste verschmitzt und sagte nichts. Sie teilte ihren Verdacht dem Polizeiinspektor mit, der den Fall bearbeitete, und einen Tag später erfuhr sie bereits, dass sie Recht gehabt hatte.

KRIMI-FRAGE:
Wie und wo ist der Diamant weggeschmuggelt worden?

Ein Fußball wird entführt

„Trixi ist ein mieses, blödes Biest und am liebsten würde ich ihr in die Fresse hauen!", tobte Marco. Zum Beweis versetzte er seinem Punchingball (= Boxtrainingsgerät) einen festen Faustschlag.

„Reg dich ab, Marco!", riet Axel dem schlagkräftigen Jungen.

„Erzähl lieber endlich, was Trixi dir Entsetzliches angetan hat!", forderte ihn Lieselotte auf.

„Die Sumpfziege hat meinen Fußball entführt. Das ist der Fußball, auf dem die gesamte Nationalmannschaft unterschrieben hat. Und jetzt fordert die Seegurke Lösegeld. Sie will mein Taschengeld von drei Monaten!"

Marco trommelte wild auf den Boxball und drehte sich dann einen Augenblick weg. Das hätte er allerdings nicht tun sollen. Der Punchingball schwang zurück und traf ihn auf den Rücken, sodass er nach vorne geschleudert wurde. Der verdutzte Junge landete in Lilos Armen.

„He, was soll das sein? Eine Liebeserklärung?", spottete Dominik.

Marco richtete sich energisch wieder auf und schnaufte: „Natürlich nicht!" Er zog einen zerknitterten Brief aus der Hosentasche und reichte ihn der Knickerbocker-Bande. „Willst du deinen Fußball wieder sehen, dann lege 300 Mäuse in den Papierkorb im Park beim Spielplatz" stand darauf. Der Fußball-Entführer hatte sich die Mühe gemacht und jeden Buchstaben einzeln aus der Zeitung ausgeschnitten.

„Wann ist der Fußball eigentlich gestohlen worden?", fragte Lieselotte.

Marco wusste es genau. „Vor zehn Minuten lag er noch in meinem Zimmer. Als ich kurz ins Bad gegangen bin, ist er verschwunden. Dafür war dieser Käsezettel da."

„Und wo steckt Trixi?", erkundigte sich Poppi.

Marco deutete mit dem Daumen nach unten. „In der Küche, aber sie behauptet, nichts mit der Sache zu tun zu haben. Macht euch nützlich, Leute, und prügelt die Wahrheit aus ihr heraus!", verlangte der Junge.

„Wir prügeln nicht!", sagte Lilo scharf. „Wir haben andere Methoden zu erfahren, was los ist."

Die vier Junior-Detektive marschierten in die Küche, wo Trixi – Marcos große Schwester – den Geschirrspüler einräumte. „Tagchen. Schön, dass ihr mein Brüderchen wieder einmal besucht. Bubi braucht Freunde zum Sandspielen!", ätzte das Mädchen, das sich viel darauf einbildete, bereits 16 Jahre alt zu sein.

„Hör zu, Trixi, wir sind keine Sandkistenkinder, sondern Detektive!", fauchte Axel.

„Babykram!", spottete Trixi.

Lieselotte pflanzte sich vor ihr auf und fragte: „Sag, wo warst du in der vergangenen Viertelstunde, als Marcos Fußball entführt wurde?"

Trixi bekam einen Lachkrampf. „Ein Fußball ... entführt ... hahaha! Aber ich verweigere die Aussage nicht, Frau Kommissar!", flötete sie theatralisch. „Ich saß hier in der Küche und habe einen Teller frisch gepflückte Blaubeeren gegessen. Die sind nämlich sehr gesund und gut für die schlanke Linie. Aber davon versteht ihr nichts!"

Lilo überging diese Frechheit. „Hast du Beweise oder Zeugen?", forschte sie weiter.

Trixi deutete in den offenen Geschirrspüler, wo ein blau verschmierter Teller stand. „Zufrieden?", fragte sie und grinste von einem Ohr zum anderen. Wie ein Löwe präsentierte sie drohend ihre strahlend weißen Zähne. Wie ein Löwe, der demnächst zubeißen würde.

„Ja, wir sind zufrieden!", sagten die vier Junior-Detektive im Chor. „Vor allem haben wir einen neuen Fall gelöst. Du rückst am besten sofort den Fußball heraus, oder sollen wir dein Zimmer durchsuchen? Dabei finden wir bestimmt ein paar witzige Liebesbriefe!"

Entsetzt rannte Trixi los und brachte tatsächlich den Fußball zurück. „Wie seid ihr darauf gekommen?", fragte sie völlig verwirrt.

„Weil du geschwindelt hast und wir dir dahinter gekommen sind!", sagte Dominik cool.

Die vier waren eben doch keine Sandkistenkinder!

KRIMI-FRAGE:
Was hat Trixi verraten?

Es tanzen die Vampire

„Ich kann es nicht fassen!", kicherte Dominik und reichte das Fernglas an Poppi weiter. „Erwachsene Menschen spielen Vampire!", lachte das Mädchen. Auch Lilo und Axel hatten schon einen Blick auf das seltsame Spektakel geworfen, das sich in Schloss Eulenmoor abspielte.

Die Knickerbocker-Bande hatte es sich in einer kleinen Laube bequem gemacht, die sich im Park vor dem Schloss befand. Hier hielten sie nicht nur ihr Mitternachtspicknick ab, sondern beobachteten zur Unterhaltung auch das Fest, das im Schloss stattfand.

Der Besitzer des alten Gemäuers, ein gewisser Adalbert Röderer, liebte es, alles anders zu machen als die anderen. Ostereier suchten seine Kinder nie zu Ostern, sondern zu Weihnachten, dafür aber kam der Weihnachtsmann im Hochsommer im Schlauchboot über den See gefahren und brachte Geschenke.

Während überall anders Kostümfeste im Fasching stattfanden, lud er seine Gäste stets im Oktober zu einem Maskenball. In diesem Jahr stand der Ball unter dem Motto „Tanz der Vampire" und jeder Besucher war aufgefordert worden, als Vampir verkleidet zu erschei-

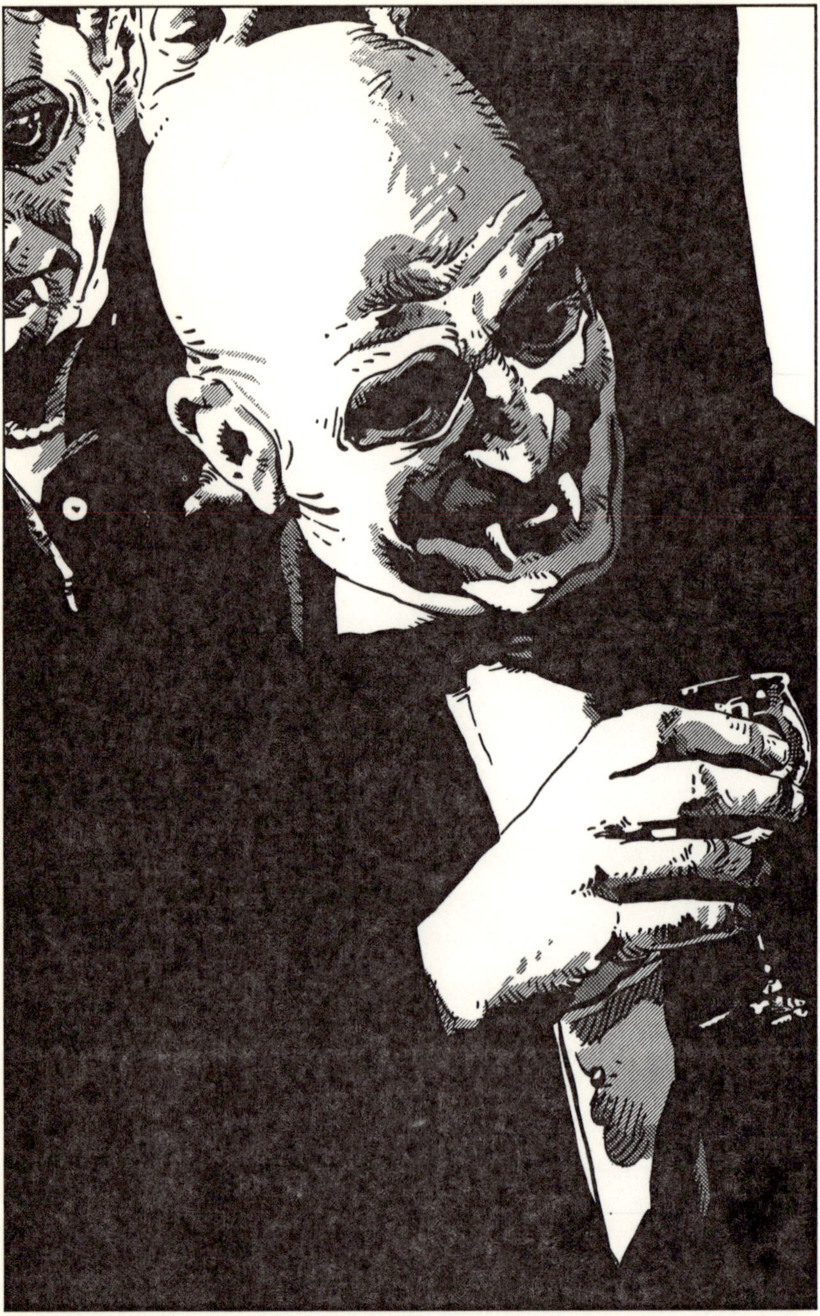

nen. Ein schwarzer Frack, ein schwarzer Umhang mit blutrotem Futter und eine weiße Maske, auf die lange Vampirzähne, dunkle Augenringe und kleine Blutstropfen gemalt waren, galten für die Herren als Pflicht. Die Damen durften uralte Gewänder tragen, die allerdings modrig und muffig sein und mindestens 22 Mottenlöcher haben mussten. Auch sie hatten Vampirmasken vor dem Gesicht.

„Ich habe mich schiefgelacht, als mein Vater sich verkleidet und die Maske aufgesetzt hat", berichtete Axel. „Plötzlich ist er in meinem Zimmer aufgetaucht, und es ist ihm echt gelungen, mich zu erschrecken."

Lieselotte übernahm wieder das Fernglas und warf einen Blick durch die hohen bogenförmigen Fenster, hinter denen der gruselige Ball stattfand. Die Damen und Herren drehten sich wild über die Tanzfläche und sahen aus, als wären sie einem Dracula-Film entsprungen.

„Mir ist kalt, ich will nach Hause!", sagte Poppi.

„He, wir haben noch so viel zu futtern", meinte Axel. „Außerdem ist erst in einer halben Stunde Mitternacht und ein echtes Mitternachtspicknick dauert mindestens bis Schlag zwölf!"

Poppi war das egal. Sie hatte diesmal keine Angst, fror aber jämmerlich. Es war eine kalte Herbstnacht, in der sich bereits der Winter ankündigte, und obwohl sie drei Pullis übereinander trug, kroch ihr der Frost über den Rücken.

Axel – edel wie ein Ritter – zog eine seiner Jacken aus und reichte sie der Freundin. „Da, nimm, dann geht's dir gleich besser, und wir können noch ein bisschen bleiben."

Poppi war einverstanden.

Die Knickerbocker vertrieben sich die Zeit mit dem Erzählen von Schauergeschichten, die bei ihnen jedoch niemals Gänsehaut, sondern meistens Lachkrämpfe auslösten. Sie fanden die Laube vor dem „Vampirschloss" einfach großartig. Außerdem wussten sie, dass sie zu Hause nicht vermisst wurden. Lilo, Poppi und Dominik hatten ihren Eltern erzählt, dass sie bei Axel und seinem Vater übernachten würden. Da Herr Klingmeier zum Vampirball eingeladen worden war, würde allerdings niemand kontrollieren, wann sie zu Bett gingen.

Mitternacht! Die Uhr der Schlosskapelle schlug zwölf, und jeder Schlag klang, als würde jemand auf einen leeren Blechtopf trommeln. Axel bemerkte, dass sich auf dem Vampirfest etwas tat. Er blickte durch das Fernglas und meldete: „Jetzt nehmen alle die Masken ab!" Und kichernd fügte er hinzu: „Einige Herren sind ganz schön platt, dass die Damen hinter den Masken in Wirklichkeit auch nicht schöner sind!"

Die Knickerbocker prusteten vor Lachen, beschlossen aber, nun doch nach Hause zu gehen. Mittlerweile froren auch die anderen und niemand wollte unbedingt krank werden.

Am nächsten Morgen – es war ein Sonntag – standen die vier Freunde erst nach zehn Uhr auf. Um halb elf erschienen sie zum verspäteten Frühstück. Herr Klingmeier saß bereits am Tisch und war ziemlich grau im Gesicht.

„Ist es sehr spät geworden?", erkundigte sich Axel.

Sein Vater schüttelte den Kopf und vertiefte sich in eine Zeitung.

Die vier Juniordetektive warfen einander fragende Blicke zu. Was war geschehen? Hatte Herr Klingmeier vielleicht von ihrem unerlaubten Ausflug erfahren?

„Papa ... äh ... hast du was?", fragte Axel. Er konnte komische Stimmungen nicht leiden. Seine Eltern waren geschieden, und er verbrachte nur hin und wieder ein paar Tage bei seinem Vater, da dieser beruflich viel unterwegs war. Wenn sie einander sahen, dann wollte er wenigstens eine nette Zeit mit ihm verbringen. „Äh ... haben wir? Ist was?", bohrte Axel.

Herr Klingmeier seufzte tief und schüttelte den Kopf. „Nein, es hat nichts mit euch zu tun. Es ist nur ... Also, ein guter Freund von mir, Willy Knauf, er war gestern auch auf dem Fest, und er wird nun beschuldigt, in der Nacht den Chef der Firma, in der er arbeitet, im Büro überfallen und niedergeschlagen zu haben. Der Mann ist schwer verletzt und liegt im Krankenhaus."

„Aber was hat der Chef gestern in der Nacht noch im Büro gemacht?", wollte Axel wissen.

Sein Vater lachte kurz auf: „Er hat Geld gezählt. Der Mann gehört zur altmodischen Sorte, die das Geld, das die Firma während der Woche eingenommen hat, in einem Tresor verwahrt. Die Einnahmen der vergangenen Tage waren sehr hoch, und so saß der alte Knacker bis tief in die Nacht und hat Schein für Schein gezählt."

„Und warum weiß man, dass dieser Herr Knauf ihn überfallen hat? Wurde er von seinem Boss gesehen?", wollte Lieselotte wissen.

Herr Klingmeier überlegte kurz und antwortete: „Nein, das nicht. Nein, überhaupt nicht. Der Firmenbesitzer hat angegeben, dass ihn jemand von hinten niedergeschlagen hat. Alles ging so schnell, dass er den Einbrecher gar nicht gesehen hat. Fest steht nur, dass der Unbekannte einen Schlüssel zum Firmengebäude besaß und sehr viel Geld gestohlen hat."

Poppi verstand noch immer nicht, wieso unbedingt Herr Knauf der Dieb sein musste.

„Ein Kollege von Willy aus der Firma war ebenfalls bei diesem ‚Tanz der Vampire' und will beobachtet haben, wie Willy das Fest um kurz nach elf verlassen hat. Um Viertel vor zwölf war er wieder zurück. Genau in dieser Zeit ist der Überfall geschehen, und es ist durchaus möglich, in dieser Zeit von Schloss Eulenmoor zur Firma und zurück zu fahren. Alles passt!", erklärte Axels Vater.

Herr Klingmeier war sehr bekümmert. Willy Knauf war ein wirklich guter Freund und er traute ihm den Überfall einfach nicht zu. „Leider hat Willy noch dazu ein Motiv: Er steckt in großen Geldnöten", ergänzte er. „Er hat im Casino gespielt und viel verloren. Die Schulden zurückzuzahlen ist nicht gerade einfach!"

Axel begann seine Nasenspitze zu zwirbeln.

„He, was machst du da? Das tu doch normalerweise nur ich, wenn ich scharf nachdenke!", rief Lieselotte.

Ihr Kumpel nickte. „Ich denke jetzt auch scharf nach

und werde den Verdacht nicht los, dass an dieser Geschichte etwas nicht stimmt. Lilo, ich glaube, dieser feine Kollege will Herrn Knauf den Überfall in die Schuhe schieben. Dabei hat er ihn selbst begangen."

Herr Klingmeier horchte auf: „Aber wie ... wie kann man das beweisen?"

„Na ja ... dem Herrn Kollegen ist bei seiner Geschichte ein Fehler unterlaufen!", meinte Axel.

Und tatsächlich bestätigte sich bereits am darauf folgenden Tag, dass Axels Vermutung zutraf.

KRIMI-FRAGE:
Welchen Fehler meint Axel?

Das versunkene Flugzeug

MAXI KRIMI

Teste dein Gedächtnis. Lies diesen Knickerbocker-Fall durch und versuche anschließend, die Fragen zu beantworten. Wie viele richtige Antworten schaffst du?

„Willst du wirklich jetzt mitten in der Nacht tauchen?", fragte Poppi ungläubig, als ihr Kumpel Axel in den engen schwarzen Taucheranzug schlüpfte, die Pressluftflaschen schulterte und sich die Taucherbrille über das Gesicht zog.

„Nein, ich gehe in diesem Anzug in die Disko!", ätzte der Junge und fügte schnaubend hinzu: „Natürlich gehe ich tauchen! Vielleicht finde ich das Gold!"

Dominik runzelte zweifelnd die Stirn. „Aber das Seeungeheuer …?", warf er ein.

„Das kann nur ein Märchen sein!", meinte Axel.

Ganz so sicher war er aber nicht. Hoffentlich ist es nur ein Märchen!, dachte er, als er sich rücklings ins Wasser fallen ließ. Er schaltete den Unterwasserscheinwerfer ein und schlug langsam, aber kräftig mit den Flossen. Immer tiefer glitt er hinab zum Grund des Schwarzsees. Blubbernd stiegen die Luftblasen aus seinem Mund zur Wasseroberfläche, wo seine Freunde gespannt warteten.

Der Junge musste nicht lange suchen. Fünf Minuten, nachdem er in den See gesprungen war, hatte er das versunkene Flugzeug entdeckt. Es war in der Mitte auseinander gebrochen und seine Einzelteile lagen auf dem schlammigen Seeboden verteilt. Axel erkannte den Propeller, die Tragflächen, den Pilotensitz und das Höhenruder. Aber wo war die Kiste mit den Goldbarren? Nach ihr suchte er doch! Axel umrundete das Flugzeugwrack zweimal und stocherte mit den Flossen im Schlamm. Plötzlich entdeckte er etwas.

„Irre! Das gibt's doch nicht!", schoss es ihm durch den Kopf. Er wollte danach greifen, als sich von hinten ein Schlingarm um seinen Bauch legte. Axel erschrak so sehr, dass ihm das Mundstück der Pressluftflasche entglitt und er nicht mehr atmen konnte. Der Junge strampelte und schlug mit den Armen um sich, aber der Schlingarm ließ nicht locker. In einem See konnte es doch keine Kraken geben. Die lebten nur im Meer!

Der Knickerbocker schaffte es mit Mühe, den Kopf zu drehen, und starrte in zwei grellgelb glühende Augen. „Luft ... ich brauche Luft ...!" Er fischte nach dem Mundstück, bekam es aber nicht zu packen. Der Kampf mit dem Seeungeheuer wurde immer wilder. Es gab das Untier also doch! Und jetzt biss es auch noch zu!

Am Ufer des Sees wurden Poppi, Dominik und Lieselotte langsam unruhig. Axel, das vierte Mitglied der Knickerbocker-Bande, wollte höchstens zehn Minuten unter Wasser bleiben. Mittlerweile waren bereits fünfzehn Minuten vergangen.

Die vier Junior-Detektive verbrachten eine Ferienwoche am Schwarzsee in einem Zeltlager. Während der langen Bahnfahrt hatte Dominik in einem Reiseführer geschmökert und einen Bericht über den See gefunden. Vor zehn Jahren war hier eine kleine, einmotorige Sportmaschine abgestürzt. Ein Gerücht behauptete, dass sich an Bord des Flugzeugs eine Kiste mit zehn Goldbarren befunden haben soll. Allerdings waren alle Suchaktionen ohne Erfolg geblieben. Die Goldbarren blieben verschwunden. Der Pilot, der den Absturz überlebt hatte, behauptete, von dem Gold nichts zu wissen.

Bei ihrer Ankunft erfuhr Lieselotte, das Superhirn der Bande, von anderen Lagerteilnehmerinnen etwas sehr Eigenartiges. Einige Mädchen hatten vor zwei Nächten ein „Seeungeheuer" im Wasser beobachtet. Es besaß einen großen, flachen Schädel und tauchte immer wieder auf. Die Mädchen wollten allerdings nicht als Spinner verspottet werden und hatten die Geschichte deshalb für sich behalten. Lilo hielt das Ganze für einen Scherz der Jungen, aber sie hatte ein ungutes Gefühl.

Axel, der ein begeisterter Taucher war, hatte unbedingt nach dem Gold und dem „Ungeheuer" suchen wollen und sich deshalb heimlich eine Taucherausrüstung besorgt. Aber was war nun mit ihm geschehen?

„Da ... da seht nur!", stieß Dominik hervor und zeigte auf eine Stelle im Wasser, die ungefähr zehn Meter vom Ufer entfernt war. Dort schaukelten Axels Flossen auf den Wellen.

„Um Himmels willen!", flüsterte Lieselotte. „Es muss ihm etwas zugestoßen sein!" Das Mädchen hatte zum

Glück seine Badeklamotten unter der Jeans und dem Pulli an. Es zog sich hastig aus, klemmte die Taschenlampe zwischen die Zähne und schwamm in den See hinaus. Ein eiskalter Schauer rieselte Lilo über den Rücken, als sie die Flossen in den Händen hielt. Im Gummi waren deutliche Bissspuren zu erkennen, als ob Axel von einem Hai angefallen worden wäre.

So schnell sie konnte, kraulte sie zum Ufer zurück und ließ sich keuchend ins Gras fallen. Das Superhirn spürte, wie ihm die Tränen in die Augen stiegen. „Ich Idiot, ich kann hier doch nicht einfach herumsitzen. Ich muss ihm helfen. Vielleicht ist es noch nicht zu spät! Aber was soll ich machen?", überlegte das Mädchen verzweifelt.

Da ertönte in der Nähe des Ufers heftiges Blubbern und Plätschern. Aus dem Wasser tauchte eine runde dunkle Kuppe auf. Das Ungeheuer! In einiger Entfernung davon plätscherte und blubberte es aber noch einmal heftig. Auch dort schoss ein Kopf in die Höhe. „AXEL!", riefen Poppi, Dominik und Lilo im Chor.

Der Junge kraulte zum Ufer und berichtete keuchend: „Da... das Ungeheuer ist ein ferngesteuertes Mini-U-Boot mit irre starken Greifarmen. Wir müssen rausfinden, wer es steuert. Das Ding hat mich angefallen und ... und zum Glück nur meine Flossen zerfetzt."

Das Mini-U-Boot pflügte mit großem Tempo durch das Wasser und die Junior-Detektive hatten Mühe, es vom Land aus zu verfolgen. Schließlich verschwand es durch eine Einfahrtsluke in einem Bootshaus. Die vier Knickerbocker schlichen auf Zehenspitzen zur Bootshaustür und zogen sie vorsichtig auf. In der Holzhütte, die über dem Wasser errichtet war, stand ein Mann mit einer sehr komplizierten Fernsteuerung. Auf einem Monitor sah er die Bilder, die die Videokamera des U-Bootes aufnahm und sendete.

Ein Brett unter Lilos Schuh knarrte laut und verriet die ungebetenen Gäste. Der Mann drehte sich erschrocken um und starrte die vier halb überrascht, halb wütend an.

„Was … was tun Sie da?", zischte Lieselotte. „Sie hätten Axel schwer verletzen können mit Ihrem Unterwasserroboter!"

Der Mann schien nicht zu fassen, was er sah: „Kind … du bist ein Kind!"

Axel hörte das nicht gern. „Ich bin ein Knickerbocker!", knurrte er. Ihm war auch etwas klar: „Sie suchen mit dem Ding nach dem Gold, nicht wahr?"

Der Mann schwieg.

„Ich weiß, wo es sich befindet!", verkündete Axel.

Diese Nachricht ließ den Unbekannten fast aus den Schuhen kippen. „Sag es mir! Es gehört mir!", keuchte er gierig.

„Woher sollen wir wissen, ob das stimmt?", meinte Lieselotte.

„Mein Bruder und ich haben vor zehn Jahren von unserem Vater Gold im Wert von Millionen geerbt. Es waren Goldnuggets (= kleine Stücke) und keine Barren. Mein Bruder wollte nicht teilen und ist mit dem Gold abgehauen. Doch sein Flugzeug ist über dem Schwarzsee abgestürzt. Danach wollte er von dem Gold nichts mehr wissen. Er behauptete, es brächte ihm nur Unglück. Er hatte das Gold an Bord, das weiß ich. Aber die Taucher haben es nie gefunden. Ich kann nicht tauchen, deshalb habe ich mir diesen Tauchroboter besorgt. Bitte, sag mir, wo es ist. Du bekommst auch Finderlohn!"

Trotz der großen Schrecken unter Wasser konnte Axel wieder grinsen. „Ihr Bruder hat einen alten, aber guten Trick angewendet", sagte er geheimnisvoll. „Das Gold ist nicht zu Barren gegossen worden. Aber es ist eben doch etwas Gold, auch wenn es nicht glänzt."

Der Mann verstand zuerst nicht, aber als er die Erklärung hörte, schlug er sich mit der Hand auf die Stirn. Wieso war er nicht auf diese Idee gekommen?

Die Knickerbocker-Bande hat den Finderlohn tatsächlich bekommen, denn Axels Vermutung war richtig. Ein neuer Erfolg der vier Junior-Detektive ...

KRIMI-FRAGE:
Was meinte Axel mit dem alten Trick?
(Ein Hinweis für Knickerbocker-Profis:
Die Lösung ist auch im Buch
„Wo ist der Millionenstorch?" zu finden ...)

GEDÄCHTNIS-TEST
1. Wie lange brauchte Axel um das versunkene Flugzeug zu entdecken?
2. Wie heißt der See, an dem sich die Knickerbocker-Bande befindet?
3. Wie viele Motoren hatte das abgestürzte Flugzeug?
4. Tauchen beide Flossen auf oder nur eine?
5. Was verrät Lieselotte, als sie das Bootshaus betritt?

Der Ameisen-Stampfer

Poppi ballte die Hände zu Fäusten. Sie bebte am ganzen Körper. So eine Gemeinheit! So eine widerliche Gemeinheit. Wer hatte das angerichtet? Welcher miese Schuft hatte den Ameisenhügel zerstört. Die kleinen Tiere hatten Wochen gebraucht um dieses „Hochhaus" zu bauen, und irgend so ein Mistkerl zertrampelte es einfach. Das war Tierquälerei! Und Poppi wurde ganz kribbelig und wütend, wenn auch nur das kleinste Tier gequält wurde.

Auf dem Waldboden neben dem Ameisenhügel entdeckte das Mädchen eine frische Spur von Autoreifen. „Macht es gut und baut alles wieder auf! Ihr schafft das schon!", sagte es zu den Ameisen, die wild und aufgeschreckt über die Ruinen krabbelten. Dann machte sich Poppi daran, die Spur zu verfolgen. Viel Hoffnung gab es nicht, dass sie zu dem Ameisenquäler führen würde, aber man wusste nie …

Ungefähr einen Kilometer weiter, am Ufer des kleinen Waldsees, stand das Auto, das die Spur hinterlassen hatte. Es handelte sich um einen klapprigen Lieferwagen mit einer offenen Ladefläche. Vor ihm standen zwei Männer, die nicht gerade freundlich aussahen. Sie rauchten und tranken Bier. Poppi kam vorsichtig näher, und was sie sah, machte sie noch wütender. Am Stiefel des einen Mannes klebten Reste des Ameisenhügels. Als der Typ seine Zigarette achtlos auf den Boden warf, reichte es dem Mädchen.

„He, Sie! Wollen Sie einen Waldbrand verursachen?", schrie Poppi.

Der Bursche erschrak und warf ihr einen giftigen Blick zu. Er bedeutete, was bildet sich die Kleine ein? Trotzdem trat der Kerl mit dem Stiefel auf die Zigarettenkippe und löschte sie aus.

„Wieso haben Sie den Ameisenhügel kaputtgemacht? Warum? Wozu?", fuhr ihn Poppi an.

Der Bursche spuckte aus und fuhr sich durch die langen, fettigen Haare. „War nicht absichtlich!", zwitscherte er mit Engelsstimme. „Ist so passiert, weil dieser Doofkopf zu fest gebremst hat. Weißt du, ich stand auf der Ladefläche. Plötzlich bremst mein Kumpel, weil eine Wildsau über den Weg läuft. Dadurch bin ich nach hinten vom Wagen geschleudert worden und in den Ameisenhügel gefallen. Die Biester haben mich ganz schön gebissen! Aber wer bist du eigentlich? Die Waldpolizei, oder was?"

„Ihre faulen Ausreden können Sie sich in Ihre ekeligen Haare schmieren!", tobte Poppi. „Falls Sie mich für blöd halten, haben Sie sich getäuscht. Ich bin viel mehr auf Zack, als Sie denken. Sie sind absichtlich im Ameisenhügel herumgetrampelt. Sonst würden Sie jetzt nicht so eine dämliche Lüge erzählen!"

Die beiden Burschen machten Gesichter, als hätte

ihnen jemand auf die Finger geklopft. „War doch nur Spaß!", meinte der eine.

„Spaß? Hören Sie, die Ameisen haben Wochen gebraucht um dieses Kunstwerk aufzubauen!" – Über eine Stunde dauerte Poppis Vortrag über die Ameisen und die beiden Männer ließen ihn geduldig über sich ergehen. Sie würden es sich überlegen, noch einmal einem Ameisenhügel zu nahe zu kommen. Erstens hatten sie großen Respekt vor den kleinen Tierchen bekommen und zweitens fürchteten sie eine neue Moralpredigt von Poppi.

KRIMI-FRAGE:
Was hat an der Geschichte des Mannes nicht gestimmt?

Flucht in den Nebel

Es war an einem trüben, nicht sehr kalten Tag im Winter. Axel und Lieselotte waren Ski fahren gegangen und zogen in eleganten Schwüngen über die Piste.

Spaß machte es den beiden aber nicht gerade. Das Wetter war zu grau und unfreundlich, und außerdem zog mehr und mehr Nebel auf.

„Komm, wir kehren in die Wilderer-Hütte ein und gönnen uns was zu trinken", sagte Lieselotte zu ihrem Kumpel. Axel war sofort einverstanden.

Als die beiden vor der Hütte ihre Ski abschnallten, hörten sie plötzlich Schreie im Inneren des Gebäudes. Eine Tür wurde aufgerissen und jemand stürmte ins Freie.

„Haltet ihn … er hat meine Kette gestohlen. Haltet ihn!", rief eine Frau verzweifelt.

Axel sprintete sofort los, was mit den klobigen Skischuhen ein Kunststück war. Er lief zur Rückseite der Hütte und entdeckte eine offene Tür. „Dort … dort rennt der Dieb!", kreischte eine ziemlich aufgedonnerte Frau mit rostrotem Haar und einem silbrig glänzenden Skianzug.

Axel starrte in den Nebel, konnte aber beim besten

Willen nichts erkennen. Dennoch versuchte er den Dieb zu verfolgen. Er rannte los, blieb zwischendurch jedoch immer wieder stehen um etwas zu erlauschen. Ja, er konnte Schritte hören! Allerdings waren sie schon weit entfernt.

Die Schneedecke war leicht gefroren und brach bei jedem Schritt des flüchtenden Gauners ein.

„Halt ... stehen bleiben!", rief Axel.

Als Antwort erhielt er nur schallendes Lachen, dem gleich darauf ein Echo folgte. Dann wurden die Geräusche leiser und leiser. Der Ganove verschwand, und Axel beschloss umzukehren. Die Gefahr, sich zu verirren, war zu groß.

In der Hütte wurde er bereits von Lieselotte und der rothaarigen Dame erwartet. Es handelte sich um eine sehr angeberische Frau, die sogar beim Skifahren teuren Schmuck trug. Während sie in der Gaststube der Hütte allein ihre Suppe geschlürft hatte, war der Unbekannte hereingestürzt und hatte ihr die Kette vom Hals gerissen.

„Wenn wir wissen, welche Richtung der Dieb eingeschlagen hat, kann ich über Funk die Polizei verständigen", meinte der Hüttenwirt.

Aber wie hätten sie die Richtung feststellen sollen? Der Dieb hatte im Nebel untertauchen können.

Der Wirt breitete eine Bergkarte aus und ließ seinen rechten Zeigefinger suchend darüber kreisen.

Axel hatte plötzlich einen Verdacht. Er ahnte, wohin der Dieb gelaufen war. Er teilte dem Wirt seine Vermutung mit und dieser erstattete Meldung bei der Bergwacht und der Polizei.

Noch am selben Tag konnte der Mann geschnappt werden. Leider hatte er die Kette nicht mehr bei sich. Ob er je verraten wird, wo er sie versteckt hat?

KRIMI-FRAGE:
Schau dir die Karte an!
Wohin ist der Dieb gelaufen?

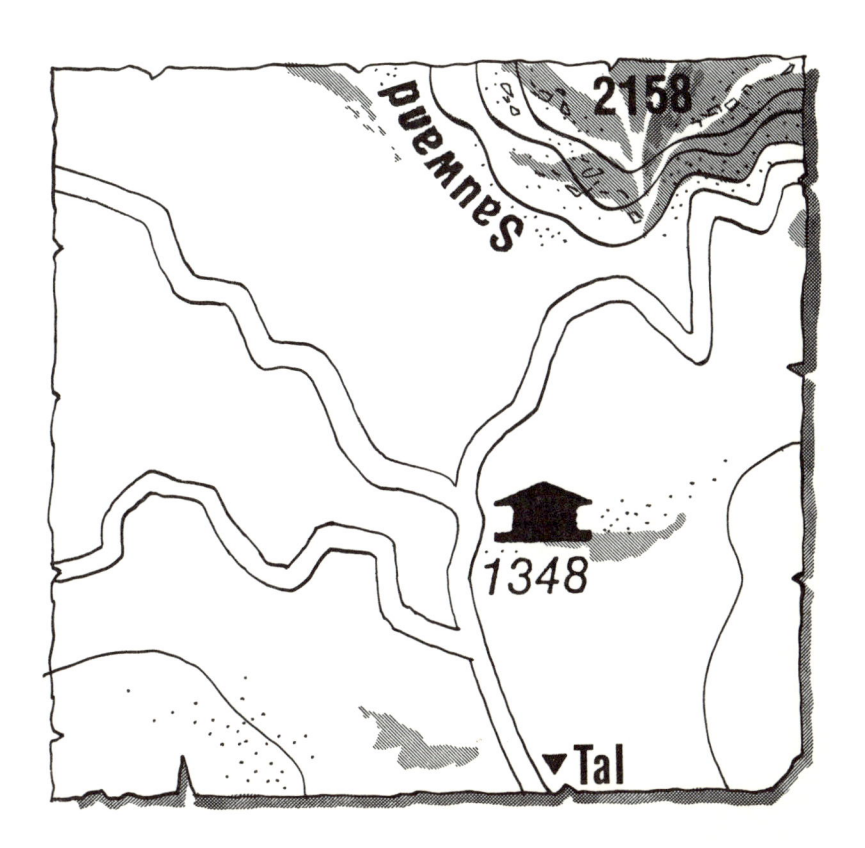

Die Glocke des Grauens

Ein eiskalter Wind fegte durch die engen Gassen des Dorfes und wirbelte die Eiskristalle vor sich her. Lilo, Axel, Poppi und Dominik zogen sich die Kapuzen ihrer Winterjacken tief ins Gesicht und zupften ihre Schals bis über die Nasenspitze. Danach bohrten sie die Hände samt Handschuhen in die Jackentaschen und setzten Schritt vor Schritt. Sie waren in einem Alpenzoo gewesen um dort bei der Fütterung der Tiere zu helfen. Drei von vier Tierpflegern waren nämlich schwer erkrankt und lagen mit Grippe im Bett. Dummerweise hatten die Knickerbocker aber nicht auf die Uhr geschaut und dadurch den letzten Bus zurück in die Stadt versäumt. Ihre Eltern konnten sie auch nicht verständigen, damit sie abgeholt wurden. Im Zoo war nämlich die Telefonleitung gestört. So blieb ihnen nichts anderes übrig, als zu Fuß bis ins nächste Dorf zu stapfen.

Endlich, nach fast einer Stunde Marsch durch die Dunkelheit, hatten sie es erreicht. Sie steuerten auf ein Gasthaus zu, hinter dessen Fenstern sie Licht sahen. Als sie die Tür öffneten und in die Gaststube traten, spürten sie sofort die Spannung, die hier herrschte. An den Tischen saßen Männer und Frauen und blickten starr in die Nacht hinaus. Hinter der Theke stand der Wirt und polierte im Zeitlupentempo ein Glas.

„Guten Abend!", sagte Lilo laut.

Die Köpfe der Menschen drehten sich zu ihr, als hätte sie gerade „Vorsicht, Bombe!" gerufen.

„Entschuldigung … wir wollten nicht stören!", stotterte Axel verlegen. „Ist hier etwas los?"

Der Wirt lächelte. „Es ist wegen der Geisterglocke", sagte er mit geheimnisvoller Stimme.

„Der was?", wollte Dominik wissen.

Der Wirt sprach leise, als hätte er Angst, dass ihn jemand hören könnte. „Es ist wegen der Geisterglocke. Sie hängt im Kirchturm und beginnt von ganz allein zu läuten. Aber nur am 13. Dezember!"

Axel warf einen schnellen Blick auf seine Armbanduhr. Heute war der 13. Dezember.

„Und wenn sie läutet, so sagt sie uns ein großes Unglück für den Winter voraus. Entweder wird eine Lawine unser Dorf bedrohen, oder einige von uns werden in den Bergen ihr Leben lassen! So war es immer, wenn sie am 13. zu hören war!"

Lieselotte hatte gespannt zugehört, hielt aber von solchen Sagen wenig. „Wann hat die Geisterglocke zum letzten Mal geläutet?", wollte sie wissen.

Der Wirt überlegte kurz. „Vor 11 Jahren. Damals ist das Unglück mit der Lawine passiert. Vier Häuser sind dabei verschüttet worden. Durch einen Zufall war kein Mensch darin. Sonst hätte es auch Tote gegeben."

Poppi erschauderte. „Ich will hier weg!", raunte sie Lilo zu. Die anderen hatten denselben Gedanken.

„Können wir bitte das Telefon benutzen?", bat das Superhirn. Der Wirt reichte ihr den Apparat, und Lilo verständigte ihre Eltern. In ungefähr 45 Minuten wollte ihr Vater kommen und die Bande abholen. Bis dahin gönnten sich die vier heiße Zitronenlimonade.

„Und die Glocke läutet wirklich ganz von allein, ohne dass jemand an ihrem Seil zieht?", fragte Dominik.

Der Wirt nickte. „Es ist eine Geisterglocke, eine Glocke des Grauens."

Lieselotte wollte sich schon über den Aberglauben lustig machen, als tiefe, dunkle Glockenschläge durch die Nacht schallten. Die Leute krümmten sich, als hätte jemand mit einer Keule auf sie eingeschlagen. Sie verbargen die Gesichter in den Händen und stöhnten verzweifelt. Es stand also fest: Auch in diesem Winter würde das Dorf von einer Katastrophe heimgesucht werden!

Da Knickerbocker niemals lockerlassen, erstarrte Lieselotte nicht vor Angst. Sie sprang auf und stürzte aus dem Gasthaus. Die Kirche mit dem Turm der Geisterglocke befand sich am anderen Ende des kleinen Platzes. Das Mädchen hastete mit großen Schritten durch den Schnee und ließ dabei die Kirche nicht aus den Augen. Im Licht der Straßenlampe erkannte es eine schmale Tür am Fuß des Turmes. Sie schien einen Spaltbreit offen zu stehen. Lilo lief noch schneller und der Schnee knirschte laut unter ihren Stiefeln. Hatte sie es sich doch gedacht! Die Glocke läutete nicht von allein. Es steckte jemand dahinter, der die Bewohner des Dorfes in Angst und Schrecken versetzen wollte.

Beim Turm angekommen, rang das Mädchen erst einmal nach Luft, bevor es die Tür mit der Schuhspitze aufstieß. Mit einem lang gezogenen Knarren schwenkte sie nach innen. „Hallo … wer ist da?", rief das Superhirn. Selbstverständlich erhielt es keine Antwort. Lilo fasste Mut und wagte sich ein Stückchen in den Turm. Muffige Luft schlug ihr entgegen. Außerdem war es in dem Haus so finster, dass sie die Hand vor den Augen nicht sehen konnte.

Völlig unerwartet raste jemand von oben an dem Glockenseil nach unten und stieß Lilo mit den Schuhen zu Boden. So schnell der Unbekannte konnte, suchte er das Weite. Als sich das Mädchen endlich aufrappeln konnte, hatte er bereits einen großen Vorsprung. Lieselotte versuchte ihn zu verfolgen, gab aber schnell auf. Sie hatte keine Chance. Allerdings hatte sie etwas gesehen. Der „Glöckner" trug eine Kappe, an deren Hinterseite eine Art Fuchsschwanz baumelte. Es war eine Kappe, wie sie die Trapper in Kanada und Nordamerika oft hatten. Auf jeden Fall stand fest, dass die Geisterglocke nicht von Geistern, sondern von einem höchst lebendigen Menschen geläutet worden war. Mit dieser beruhigenden Mitteilung kehrte das Superhirn in das Gasthaus zurück.

Nach ihrer Beschreibung wusste der Wirt auch sofort, um wen es sich bei dem Unbekannten handeln konnte. „Das ist der alte Leopold. Er lebt auf dem Berg in einer Hütte und hasst alle im Dorf. Er behauptet, sie hätten ihm seinen Hof weggenommen, was gar nicht stimmt. Ich weiß, dass er so eine Kappe trägt!"

Für diesen Tag war es zu spät. Aber gleich morgen wollten die Junior-Detektive diesen Leopold unter die Lupe nehmen. Es ging einfach nicht, dass ein Mensch aus Hass andere in Angst und Schrecken versetzte.

Am nächsten Tag statteten die Knickerbocker dem menschenfeindlichen Einzelgänger einen Besuch ab. Sie trafen ihn vor seiner Hütte an. Er trug die Pelzkappe mit dem Fuchsschwanz, und auch von seinem Körperbau her war er genau derjenige, den Lilo gesehen hatte.

Der alte Leopold hackte Holz und schien dabei seine Wut auf die Menschen abzubauen. Über den Besuch der Knickerbocker war er keineswegs erfreut. „Verschwindet! Aber schnell!", brummte er unwirsch.

„Zuerst wollen wir wissen, wo Sie gestern Abend waren?", fragte Lilo stur.

„Geht euch einen Dreck an!", lautete die Antwort.

„Sie haben die Geisterglocke geläutet. Geben Sie es zu. Ich habe Sie gesehen! Sie haben diese Kappe getragen", bohrte das Superhirn weiter.

„Du redest, als hättest du zu viel Rum getrunken", knurrte der alte Mann und hackte mit noch mehr Kraft auf die Holzscheite ein. Dann hielt er inne und kratzte sich über das Kinn mit dem Stoppelbart. „Ich war es nicht, aber vielleicht war es die Vroni. Die tut alles um mich bei den anderen anzuschwärzen. Sie lebt auf dem Hof, der früher mir gehört hat. Sie hat ihn durch Betrug an sich gerissen, die alte Hexe, die eigentlich meine Schwester ist. Ich wette, sie war das! Und jetzt verschwindet, sonst rutscht mir am Ende noch die Axt aus!"

Eilig brachen die Junior-Detektive in Richtung Tal auf. Unterwegs erkundigten sie sich aber doch nach der alten Vroni und dem ehemaligen Hof von Leopold. Sie ließen sich den Weg erklären und machten einen kleinen Abstecher zu dem Gehöft. Völlig durchgefroren trafen sie dort ein. Aber auch nach mehrmaligem Klopfen wurde ihnen nicht geöffnet.

Lilo lief von einem Fenster zum anderen und schaute durch alle in das Haus. „Ich habe sie gefunden!", meldete sie schließlich.

Die alte Vroni lag im Bett. „Wer ist da?", fragte sie, als das Mädchen gegen die Scheibe klopfte.

„Wir wollen Sie etwas fragen!", sagte Lilo.

„Ich habe aber die Grippe!", antwortete Vroni.

„Können wir trotzdem kurz hineinkommen?", wollte Lieselotte wissen.

Vroni war es recht.

„Vielleicht können wir Ihnen etwas helfen!", bot das Superhirn an. „Sie sind hier ganz allein, nicht wahr?"

Die alte Frau nickte. „Jaja, und seit zwei Tagen haben mich die Grippe und der Hexenschuss völlig ans Bett gefesselt."

Während sich Axel, Poppi und Dominik am offenen Kamin, in dem das Feuer prasselte, die Hände wärmten, erzählte Lieselotte der Frau von den Ereignissen rund um die Geisterglocke.

„Jaja, gehört habe ich sie auch!", sagte Vroni. „Und ich habe mir große Sorgen gemacht."

Lieselotte fragte besorgt: „Wer kümmert sich eigentlich um Sie, wenn Sie krank sind?"

Die alte Vroni schnaubte wütend. „Mein Bruder sollte es tun, aber der spinnt ja. Gestern am Nachmittag war eine Nachbarin da und hat mir etwas zu essen gebracht. Ich hoffe, dass sie heute wieder kommt. Ich selbst kann mich nämlich kaum bewegen und keine drei Schritte gehen, so schwindlig bin ich!"

Die Knickerbocker taten alles, um die alte Frau ein wenig zu versorgen und verabschiedeten sich dann.

Auf der Heimfahrt im Bus grübelte Lieselotte lange über die Sache nach.

„Du kannst mit dem Denken aufhören!", sagte Axel plötzlich. „Ich weiß jetzt, wer die Geisterglocke zum Läuten gebracht hat!"

KRIMI-FRAGE:
Wer war es?

Tennisterror

Boris hatte ein großes Vorbild, und das war Boris Becker. Boris hoffte, auch einmal ein großer Tennisstar zu werden, und trainierte dafür Tag und Nacht. Obwohl er nicht älter als Axel war, hatte er bereits zahlreiche Jugendturniere und mehrere Meisterschaften gewonnen. Ihm wurde eine große Tenniszukunft vorhergesagt. Axel und Boris waren gut befreundet und spielten manchmal Tennis miteinander. An diesem Sonntagnachmittag hatten sie sich auf dem Tennisplatz verabredet um ein kleines Match zu wagen.

Als Axel eintraf, fand er allerdings einen völlig verstörten Boris vor. „Ich … ich … habe Angst", stotterte der Junge. „Papa nennt mich einen Feigling, der die Mäuse husten hört, aber das bin ich nicht. Das sind alles keine Zufälle. Das sind Anschläge auf mich!"

Axel verstand nur Bahnhof. „Langsam und der Reihe nach. Was ist los?", fragte er.

Boris erzählte ihm Folgendes: „Gestern am Nachmittag hatte ich keinen Trainer. Deshalb habe ich gegen die Ballwurfmaschine gespielt. Das ist eine Maschine, die mir Bälle automatisch zuwirft. Alle zehn Sekunden einen. Aber plötzlich hat das Gerät durchgedreht und die Tennisbälle auf mich gefeuert, als wäre es ein Maschinengewehr. Ich habe mich ganz flach auf den Boden geworfen, damit ich nicht getroffen werde. Als der Spuk vorbei war, habe ich meinen Vater geholt, aber er hat an der Ballwurfmaschine nichts Auffälliges entdecken können."

Axel kombinierte sofort: „Falls jemand an der Maschine herummanipuliert hat, hatte er genug Zeit, alles wieder zurückzustellen, während du zu deinem Vater gegangen bist."

Aber das war noch nicht alles.

„Heute Mittag habe ich fürchterlich geschwitzt und wollte nach dem Training duschen. Ich habe mich unter die Brause gestellt und das kalte Wasser aufgedreht. Es kam auch. Aber schlagartig wurde es siedend heiß und ich habe mich verbrannt. Es hat höllisch wehgetan. Ich bin so schnell aus der Dusche gestürzt, dass ich ausgerutscht und auf den Boden geknallt bin. Mein Oberschenkel ist total blau!"

Auch für diesen Vorfall gab es eine Erklärung: „Jemand hat die Kaltwasserzufuhr abgedreht und das heiße Wasser auf höchste Temperatur gestellt!", überlegte Axel laut. Er ließ sich von Boris zu der Dusche führen und untersuchte die Rohre. Zwei Handgriffe genügten um aus allen Duschen brennend heißes Wasser fließen zu lassen.

Auf dem verdreckten, feuchten Boden des Waschraums glänzte etwas. Axel bückte sich und hob eine Sonnenbrille auf. Sie bestand aus einem dünnen Metallgestell und zwei runden, dunklen, klar polierten Gläsern. Der Junior-Detektiv hatte den Verdacht, dass sie derjenige verloren hatte, dem Boris die üblen Streiche verdankte. Die Brille lag einfach zu nahe bei den Rohren.

Axel zeigte sie seinem Freund. „Hast du eine Ahnung, wem die gehört?"

Boris wusste es nicht. Deshalb marschierte der Knickerbocker damit über den Tennisplatz und hielt sie jedem unter die Nase. Erst beim 22. Versuch hatte er Glück. Ein Junge namens Ottwin gab zu, dass es sich um seine Sonnenbrille handelte.

„Wo hast du sie gefunden?", wollte er wissen.

„Im Duschraum!", antwortete Axel wahrheitsgemäß.

„Ich habe sie vor zwei Wochen verloren und schon überall gesucht!", erzählte Ottwin.

Boris kniff wütend die Augen zusammen, als ihm Axel berichtete, wer der Besitzer der Brille war. „Diese Schlägersau!", fauchte er. „Er ist neidisch und eifersüchtig, weil ich hier die Nummer eins bin. Er wollte mich ausschalten. Deshalb hat er die Ballmaschine falsch eingestellt und deshalb wollte er mich verbrühen."

Axel musste Boris leider Recht geben. Auch er war von Ottwins Schuld überzeugt. Der Junge hatte nämlich zweifellos gelogen.

KRIMI-FRAGE:
Was stimmte nicht?

Trainingsfall von Dominik

Wahr oder erfunden?

Zwei von Dominiks Geschichten sind wahr, eine nicht.

1 „Ein Inder namens Shridhar hatte seine Fingernägel über 40 Jahre lang nicht geschnitten. Allein der Nagel seines linken Daumens erreichte eine Länge von über einem Meter, war also fast doppelt so lang wie sein ganzer Arm.

Leider hat mir noch keiner erklären können, wie der Mann gegessen oder sich angezogen hat."

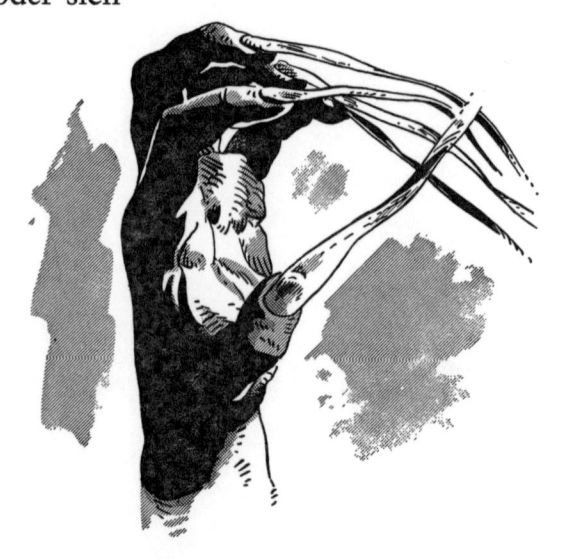

2 „Im Jahr 1975 versuchten in Mexiko 75 Häftlinge aus einem Gefängnis auszubrechen. Sie buddelten einen Gang: Sechs Monate lang arbeiteten sie heimlich daran, bis sie dachten, der Gang wäre endlich lang genug um es zu wagen. Als sie aber nach oben stießen, standen sie mitten in einem Gerichtssaal und wurden ins Gefängnis zurückgebracht."

3 „Haie sind nicht halb so gefährlich, wie oft behauptet wird. Trotzdem wurden in den Bäuchen erlegter Tiere schon die seltsamsten Dinge gefunden. Besonders erstaunt müssen wohl die Fischer gewesen sein, die im Jahre 1802 einen Hai für den Verkauf auf dem Markt fertig machten und dabei in seinem Magen ein halbes Rad einer Dampflokomotive entdeckten. Wie es hineingekommen ist, weiß bis heute keiner."

KRIMI-FRAGE:
Welche Geschichte ist nicht wahr?

Alarmanlagen

Aus einfachen Dingen kannst du gute Alarmanlagen basteln. Sie melden nicht nur Einbrecher, sondern auch kleine oder größere Geschwister, die in dein Zimmer schleichen wollen.

▣ Nimm zwei oder drei Metallkleiderbügel (die nur aus Draht gebogen sind), binde sie zusammen und hänge sie locker an die Innenseite deiner Zimmertür. Wird sie geöffnet, klimpern die Bügel.

▣ Leicht zerknitterte Papierblätter auf dem Boden oder das Cellophan von Verpackungen verraten sofort, wenn jemand sich an dich heranschleichen möchte. Sie knistern und rascheln.

▣ Einfache Rasierspiegel können dir sehr nützlich sein. Stell sie auf deinem Schreibtisch oder deinem Nachtkästchen so auf, dass du mit einem Blick Tür und Fenster im Auge hast.

Heiße Klamotten

Poppi saß vor dem Fernseher und streichelte ihre drei Katzen. Dabei sah sie sich die Nachrichten an, die von einem Großbrand in einer Lagerhalle berichteten.

„Bei dem Brand wurden teure Jacken, Hosen und Hemden einer Luxusfirma vernichtet. Der Schaden beträgt mehrere Millionen, ist aber durch Versicherungen abgedeckt", berichtete der Reporter. Dazu wurden Bilder des völlig niedergebrannten Hauses gezeigt. Wie Skelette standen die zerbrochenen Regale zwischen den schwarzen Mauern. Da die Feuerwehr viel zu spät verständigt worden war, hatten die Flammen alles vernichtet. Der Besitzer der Hallen stocherte mit einem Stab in den verkohlten Stoffresten, die schon bei der leichtesten Berührung zu schwarzem Staub zerfielen. Außer diesem schwarzen Stoffstaub war nichts geblieben.

Weiter sagte der Reporter: „Die Polizei hält die Möglichkeit einer Brandstiftung nicht für ausgeschlossen. Die Untersuchungen laufen noch und werden erst morgen abgeschlossen sein." Poppi hörte mit dem Streicheln auf, worauf die Katzen sofort lautstark zu miauen begannen. Das Mädchen wischte sich über das Gesicht und sagte zu sich selbst: „Das ... das gibt's doch nicht.

Das ist doch eigentlich klar. Ich meine ... ich müsste die Sache noch aus der Nähe sehen, aber ... ich bin sicher, dass hier jemand Geld von der Versicherung kassieren möchte. Für einen Schaden, der gar nicht so groß ist."

KRIMI-FRAGE:
Wie kommt Poppi auf diese Idee?

Die Dosen-Alarm-
anlage

Aus alten Blechdosen kannst du großartige Alarmanlagen bauen.

◪ Binde eine Dose an einen Faden und hänge sie an die Klinke deiner Zimmertür. Wird die Tür geöffnet, klappert die Dose.

◪ Noch besser ist es, zwei längere Stäbe am oberen Ende zusammenzubinden. Dort hängst du eine Dose dazu. Das Ganze lehnst du schräg gegen eine geschlossene Tür. Wird die Tür geöffnet, fallen die Stangen mit der Dose um und machen viel Krach.

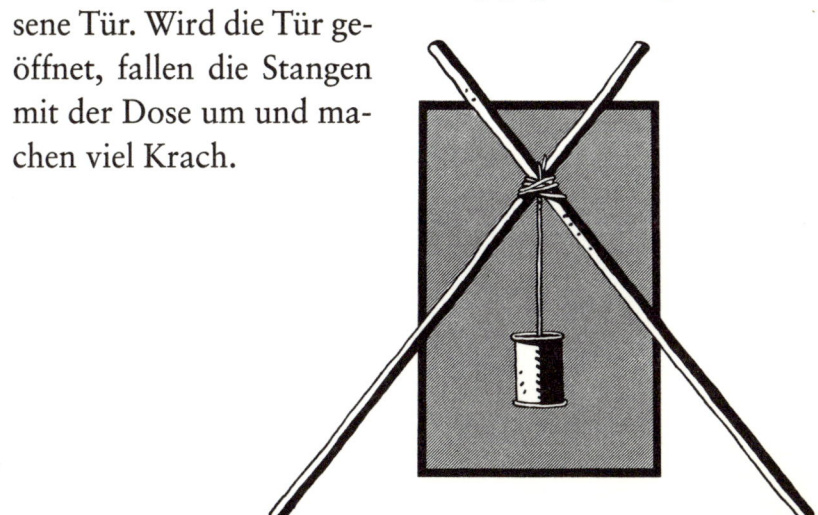

▣ Binde eine Dose an einen langen Faden und stell sie auf einen Tisch. Das andere Ende des Fadens knüpfst du an den Fenstergriff. Wird das Fenster von außen geöffnet, fällt die Dose herunter und meldet den Einbrecher.

ACHTUNG:
Funktioniert nur bei Fenstern, die nach außen aufgehen. Bei Fenstern, die nach innen aufklappen, muss die Schnur gespannt sein, sodass die Dose ebenfalls heruntergezogen wird.

Rache ist Nagellack

Eigentlich hieß sie Magdalena, aber sie nannte sich Sunny (sprich: Sanni). Ihr Haar war stets flott geföhnt, die Finger- und Zehennägel immer frisch lackiert und selbstverständlich trug sie nur topmoderne, schicke, teure Klamotten. Selbst ihre Jeans hatten einen besonderen Namen und kosteten deshalb das Dreifache.

Sunny ging nicht, sie stolzierte über die Gänge der Schule, und wenn sie einmal etwas sagte, spitzte sie stets die Lippen, sodass sie ein Herzchen bildeten. Sunny fand sich umwerfend schön und alle anderen entsetzlich hässlich. Das dachte sie sich nicht nur, das sagte sie auch.

Oft kamen die hässlichen Worte „Du siehst aus wie ein frisch rasierter Toilettenbesen" aus ihrem Zuckermund. Manches Mädchen bezeichnete sie als „frisch gerupfte Truthenne", ein anderes nannte sie „Miss Urhässlich" und wieder ein anderes „Glotzaugen-Stinkmorchel-Gesicht"!

Natürlich hatte Sunny aus diesem Grund nur sehr wenige Freundinnen und hauptsächlich Feindinnen.

Deshalb wunderte es keinen, als sie eines Tages am Ende der langen Pause eine schreckliche Entdeckung machte. Jemand hatte roten Nagellack in ihren offenen Schulrucksack geschüttet. Alle Hefte, Bücher und Ringmappen waren über und über mit der klebrigen roten Soße bekleckert. Viele Seiten waren vom Nagellack so durchtränkt, dass sie kaum noch lesbar waren. Wer auch immer diese Tat vollbracht hatte, er hatte ganze Arbeit geleistet.

Sunny stieß mehrere spitze Schreie aus und stampfte mit ihrem Füßchen auf. Mitleid erhielt sie keines, dafür jede Menge Spott und Gelächter. Das Mädchen musste alle Hefte neu schreiben und deshalb bestimmt auch einmal auf das Sonnenstudio oder das Föhnen der Goldlocken verzichten.

„Recht geschieht ihr! Allerdings würde ich schon gerne wissen, wer das getan hat", raunte Axels Schulfreund Bernhard dem Knickerbocker ins Ohr. Als Axel den Mund öffnete, zwickte ihn Bernhard heftig in den Arm: „Stopp, Axel! Diesmal wirst du nicht Detektiv spielen. Der ‚Täter' soll unerkannt bleiben, damit sich Sunny nicht an ihm rächen kann!" Axel sah das ein und biss sich auf die Lippe.

Leider gab es noch eine große Gefahr. Sie hieß: Lehrer. Sunny beschwerte sich natürlich bitterlich bei Herrn Frohmüller, der die Klasse nach der Pause in Physik unterrichtete. Dieser hatte aber auch kein Mitleid. „Mein gutes Kind, ich wette, du hast wieder eine Flasche Nagellack in deiner Schultasche gehabt, die nicht gut genug verschraubt war. Jaja, die Schwerkraft ist daran schuld, dass der Lack ausgeronnen ist. Hättest du in meinen Stunden besser aufgepasst, wüsstest du das!"

Hämisches Gekicher der ganzen Klasse war die Folge. So bald würde Sunny nicht mehr andere verspotten.

Axel grinste in sich hinein. Der gute Professor Frohmüller hatte ausnahmsweise einmal nicht Recht. Sunnys schlecht verschraubter Nagellack konnte es nicht gewesen sein.

KRIMI-FRAGE:
Wie kommt Axel darauf?

Gefangen in der Wassergruft

Eigentlich hatten die vier Freunde ihr neues Schlauchboot ausprobieren wollen. Lieselotte trug es in einem Rucksack auf dem Rücken. Als sie auf dem Weg zum See bei einem kleinen Haus vorbeikamen, machten sie jedoch eine schreckliche Beobachtung. Eine junge Frau bedrohte einen alten Mann und knöpfte ihm ein Bündel Banknoten ab. Danach wollte sich die Frau aus dem Staub machen, aber die Bande heftete sich an ihre Fersen. Die Unbekannte schien nicht zu bemerken, dass sie verfolgt wurde. Sie lief quer durch die Stadt, auf ein altes Kraftwerk zu.

Als sie dort angekommen war, drehte sie sich völlig überraschend um und bedrohte die Knickerbocker-Freunde mit einer Pistole. „Jetzt hat das Räuber-und-Gendarm-Spiel ein Ende!", zischte sie und gab Axel, Lilo, Poppi und Dominik ein Zeichen, vor ihr herzugehen.

Die Frau brachte die vier in einen hohen Raum, der mit einer schweren Eisentür verschlossen war. Sie öffnete die Tür, stieß die Knickerbocker-Bande hinein und schloss ab. Gleich darauf hörten die vier Freunde ein eigenartiges Quietschen und Knirschen. Im Licht der kanaldeckelgroßen runden Öffnung, die sich mindestens fünf Meter über ihnen befand, erkannten sie ein Rohr in der Wand, aus dem ein Sturzbach schoss. Die Bande saß in einem Wassersammelbecken gefangen, in dem die Frau sie ertränken wollte.

Lieselotte versuchte einen kühlen Kopf zu bewahren. Einfach war das allerdings nicht. Das Wasser stand ihr bereits bis zu den Knöcheln. Doch sie schaute sich ruhig um und schließlich hatte sie eine Idee.

Der Knickerbocker-Bande gelang es, nass, aber unverletzt zu entkommen. Die Diebin konnte aufgrund ihrer genauen Beschreibung festgenommen werden.

KRIMI-FRAGE:
Was haben die Knickerbocker gemacht?

Wenn der Werwolf heult

Harry von Litzwitzs Hautfarbe war so grau wie seine Haare. Tiefe Furchen zogen sich über seine Wangen. Immer wieder schüttelte er den Kopf und fuhr sich mit den Händen über das Gesicht. „Es ist alles nur Aberglaube, aber … aber … als es geschehen ist, hab ich fast einen Herzschlag erlitten!", stammelte er.

Lieselotte legte dem alten Mann, der ein weltberühmter Fotograf war, den Arm auf die Schulter. Harry von Litzwitz hatte die Bande nämlich angerufen, weil er sich von den vier Junior-Detektiven Hilfe erwartete.

„Bitte, erzählen Sie jetzt langsam, was gestern Nacht geschehen ist!", bat Axel.

Der Fotograf schluckte und begann: „Es war kurz nach Mitternacht, als ich von einem Geräusch geweckt wurde. Es kam aus der Halle meiner Villa. Da ich hier allein lebe, habe ich sofort an einen Einbrecher gedacht. Schließlich besitze ich sehr wertvolle Sachen. Ich bin deshalb zur Treppe geschlichen und habe einen vorsichtigen Blick nach unten geworfen. Durch ein Fenster fiel das Mondlicht. Und da stand er … der Werwolf. Ein Mensch in einem schwarzen Anzug mit einem Wolfskopf. Aus dem Maul tropfte … Blut. Aber das ist noch

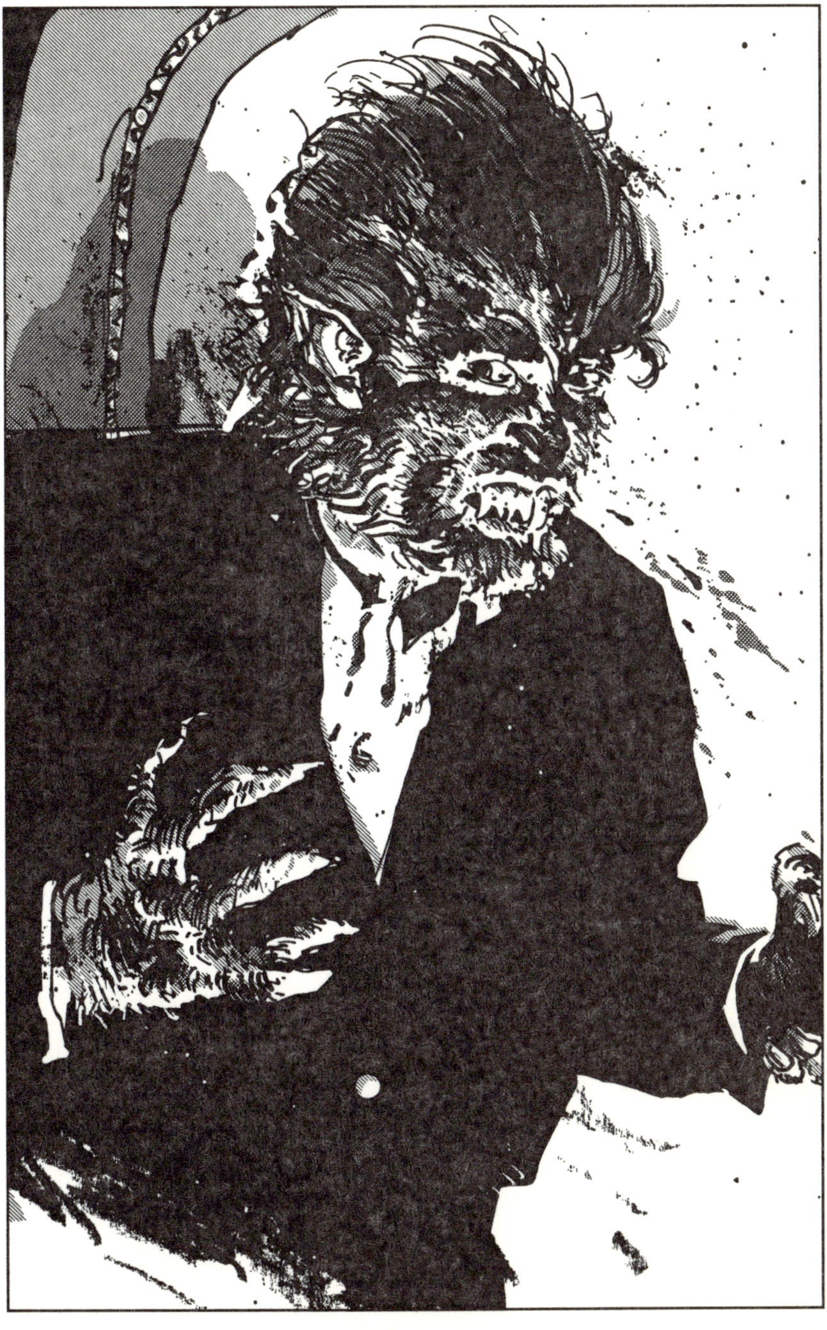

nicht alles. Ihr müsst wissen, dass mir vor vielen Jahren eine Zigeunerin aus der Hand gelesen hat. Sie sagte, dass mein Leben enden wird, wenn der Werwolf heult."

Dominik zuckte bei diesen Worten zusammen. „Das würde ja bedeuten ... dass Sie", stotterte er.

Lieselotte ließ ihn nicht weiterreden. „Das bedeutet, dass sich jemand einen bösen Streich geleistet hat. Jemand, der Sie vielleicht sogar ... zu Tode erschrecken wollte."

Die Junior-Detektive schwiegen betroffen.

„Wer will das?", fragte der alte Mann leise.

Das war für Poppi klar: „Zum Beispiel einer, der von Ihnen etwas erben kann."

Lilo knetete ihre Nasenspitze und dachte nach. „Wer kannte die Geschichte mit der Prophezeiung der Zigeunerin?", fragte sie schließlich.

„Eigentlich ... nur meine Nichte und mein Neffe. Aber es kann keiner von ihnen gewesen sein. Sie sind beide verreist. Ich habe heute Ansichtskarten von ihnen bekommen."

Herr von Litzwitz deutete auf den Tisch, wo die zwei Karten lagen. Die Knickerbocker-Freunde beugten sich darüber und betrachteten sie prüfend.

Es war Dominik, der etwas Verdächtiges entdeckte. „Ich glaube, wir wissen, wer Ihnen als Werwolf erschienen ist. Ich bin sogar sehr sicher!"

Der Verdacht bestätigte sich. Werwolfbesuch bekam Harry von Litzwitz von nun an nicht mehr. Die Gier nach seinem Geld hatte tatsächlich einen seiner Verwandten zu dieser schrecklichen Tat getrieben ...

KRIMI-FRAGE:
Wer erschien Dominik besonders verdächtig?

Der Clown mit der Kanone

Die Vorstellung im Zirkus Zaroni ging mit dem großen Finale zu Ende, bei dem alle Stars noch einmal durch die Manege marschierten. Axel, Lilo, Poppi und Dominik schoben sich die Reste ihres Popcorns in den Mund und klatschten artig in die Hände. Das Programm war langweilig gewesen. Einzig und allein Pipo, der Clown, war sehenswert. Betrat er das Zirkuszelt, blieb kein Auge trocken. Seine feuerroten Wuschelhaare, sein bunt geschminktes Gesicht, seine riesigen Schuhe und die mächtigen, dick wattierten Handschuhe mit den klobigen Fingern sahen einfach zu komisch aus. Und wenn er dann den Omis Liebesgedichte vortrug und um die Hand kleiner Besucherinnen anhielt, lachten alle.

Die Besucher der Vorstellung schoben sich durch den Ausgang ins Freie und marschierten an den Wohnwagen vorbei über die Festwiese. Aus einem der Wagen drangen aufgeregte Stimmen. „... er hätte geschossen!", schnappten die Junior-Detektive auf.

Lieselotte lief zum Fenster des Wohnwagens, stellte sich auf die Zehenspitzen und konnte so einen Blick in das Innere erhaschen. Sie erkannte einen Mann in einem schwarzen Frack. Sie wusste, um wen es sich handelte. Es war Franco, der eine langweilige Hundenummer vorführte. Laut Programmheft war Franco auch Mitbesitzer des Zirkus. Der Direktor und Chef war aber niemand anderer als Pipo.

Neben Franco stand ein Polizist und notierte alles, was ihm der Mann erzählte. Die vier Freunde schlichen zur Eingangstür des Wohnwagens, die ein wenig offen stand. Sie spähten durch den schmalen Spalt. Auf dem Boden lag Pipo. Dominik erinnerte sich, dass der Clown bei der Abschlussparade gefehlt hatte. Allerdings hatte er sich nicht sonderlich darüber gewundert. Pipo trug noch immer dasselbe Clownkostüm wie in der Manege.

„Ich habe ihn hier in meinem Wohnwagen überrascht, als er mein Geld stehlen wollte. Ich habe von einer Tante ein kleines Vermögen geerbt und bewahre es in einer Schatulle auf. Pipo war der Einzige, der davon wusste. Er wollte es nehmen, und als ich aufgetaucht bin, zog er eine Pistole aus seiner Hosentasche und richtete sie auf mich. Zum Glück bellte in diesem Moment einer meiner Hunde. Pipo hat sich für einen Moment weggedreht, und ich konnte die Gelegenheit nutzen und ihn mit dieser Holzfigur bewusstlos schlagen."

Axel ließ seinen Blick zu Boden schweifen und sah tatsächlich eine Pistole neben den Handschuhen des Clowns liegen.

„Dieser Mann ist gefährlich!", versicherte Franco mehrere Male. Der Polizist nickte.

Lilo zog die anderen zur Seite und flüsterte: „Da stimmt etwas nicht. Ich glaube, es ist genau umgekehrt.

Franco ist gefährlich. Er will wahrscheinlich Pipo ausschalten, weil er der Star des Zirkus ist. Deshalb hat er diese Geschichte vorgetäuscht!"

Poppi nickte. Ihr war derselbe Gedanke gekommen. Diesmal waren es Axel und Dominik, die nicht ganz mitkamen.

KRIMI-FRAGE:
Wie kommt Lieselotte auf den Verdacht?

Auflösungen

Wer knattert so spät?
Die Krachlaus war Stanislaus.

Spuk im Studio
Der Beleuchter war es. Die Stärke der Scheinwerfer wird nicht in Watt, sondern in Ampere gemessen.

Ein Krampus geht k. o.
Die Kerze war neu. In einer Stunde wäre sie weiter heruntergebrannt.

Knickerbocker-Tricks: Geheimschriften entschlüsseln
Brief 1: Der rote Sportwagen muss beobachtet werden.
Brief 2: Anton spielt falsch. Verfolge ihn am Nachmittag.
Brief 3: Ich kenne nun den Dieb. Es ist Willis Bruder.

Mini-Krimi: Der Igel mit den Eisenstacheln
Maria Tintelli. Die blauen Flecken sind Tusche.

Suchbild: Die Bucht der Piraten
Das Schmugglerschiff: Pistolen
Der Piratenkapitän: in seinem Holzbein
Der Schatz-Papagei: Der Papagei sitzt im Ausguck des Schiffes „Wilde Wilma".
Der blinde Passagier: an Bord der „Pulverfass"
Der Ausreißer: auf der „Löchrigen Luise"
Die halbe Münze: Die Schwester ist im Hotel „Haizahn", der Bruder an Bord der „Pulverfass".
Die Totenkopfpfeife: aus dem Hafenbasar
Der Schrumpfkopfsammler: vor der Lola-Bar

Eine Schlange macht sich auf die Beine
Lilo wusste Namen und Adresse vom Totoschein.

Die grüne Hand
Die grüne Hand war Max. Er ist schon vormittags gekommen. Sonst hätte er das Autodach nicht offen gelassen.

Schulfall Axel: Der goldene Bär
Ein kniehoher Bär kann von einem allein unmöglich geschleppt werden.

Mini-Krimi: Wo ist Bubi-Bert?
Das Seil war am Bettpfosten befestigt. Das Bett wäre beim Klettern zum Fenster gezogen worden!

Pizza mit Zahnpasta
Es war Isabella. Obwohl sie keine Adresse am Telefon erfuhr, kam sie zum Küchenjungen. Sie wusste also, wo er wohnte.

Mini-Krimi: Fettaugen im Waldsee
Die Spur führt zu Fritz Muffmann. Er war als Einziger schwer und hat deshalb tiefe Schuhabdrücke hinterlassen.

Maxi-Krimi: Die Katze mit der Glatze
Der Mann mit dem Panther: Vor drei Tagen kann er nicht mit Frau Siebenstroh gesprochen haben!

Professor Meilenstein: Er hätte nie in das vordere Ende des Bootes treffen können, da die Knickerbocker sich bereits in der Mitte der Bucht befanden.

Die Entdeckung: Weil der echte Professor aus seinem Alter doch ein Geheimnis macht.

Kopf unter Wasser: Im Boot. Es liegt tiefer als auf dem ersten Bild.

Socken in der Suppe
Hummer sind erst nach dem Kochen rot.

Das Monster im Moor
Die Frau hat gelogen. Ein Moorhahn, der noch dazu der letzte seiner Art ist, kann nicht brüten.

Wer knallt im Wald?
Lilo guckte unter das Zelt, ob das Gras gelb war. Gelbes Gras bedeutet, das Zelt steht schon länger hier.

Der Sensations-Sessel
Dominik kam darauf, dass der Stuhl nicht echt ist, da die Wurmlöcher oval und nicht rund waren.

Axels Krimi-Tagebuch: Die Knallkröte
Herr Lämmchen war die Knallkröte. Das Telefon war doch gestört. Er konnte also niemanden anrufen.

Schließfach Nummer 1313
Krimi-Frage 1: Auf Bild Nr. 1 fällt auf, dass eine Frau zu einem weißen Abendkleid einen schwarzen Herrenhut trägt. Im Hutband steckt der Schlüssel. Sie ist der Dieb.

Krimi-Frage 2: Vergleicht man die beiden Bilder sieht man, dass die Frau vorher einen weißen Damenhut getragen hat, der jetzt unter dem Sofa liegt. Der Mann im gestreiften Anzug hat ihr den Hut aufgesetzt.

Knickerbocker-Tricks: Klopfsprache
Wir sind hier! ... Ok! ... Bewacht? ... N (bedeutet nein)

Schulfall Dominik: Die Stachelschwein-Folter
Der Folterknecht heißt Michael. Er hat kein Muttermal und ihm fehlt ein Knopf.

Pferdehof in Gefahr
Berni saß auf der Motorhaube des Jeeps. Das heißt, sie war kalt. Emil war also schon länger da.

Mini-Krimi: Das Alibi im Tagebuch
Der 18. April ist ein Sonntag, daher konnte an diesem Tag unmöglich eine Prüfung stattfinden.

Die Hunde fressende Pflanze
Im Brunnen konnte sie sich nicht die Hände waschen. Der Boden wurde an diesem Tag neu gedichtet.

Der schöne Kicker und die Ganoven
Die Koffer lagen in Fahrtrichtung.

Der Geisterhund
Hunde sind farbenblind. Deshalb kann rot Xerxes nicht wild machen.

Die Schwarze Möwe
Sie verfolgen den Fotografen. Angeblich haben die Möwen nur dagesessen. Wenn ein Schuss fällt, fliegen sie aber bestimmt auf!

Wirbel um Sturmwind
Lilo hat Sturmwind an der Scharte im Ohr erkannt.

Die Horror-Hornisse
Das Kartenhaus auf dem Tisch hat Lilo auf den Verdacht gebracht. Es steht noch. Mike ist also nie gegen den Tisch gestoßen.

Ganz grün im Gesicht
In den Klebestreifen der blauen Umschläge. Dort haben es die Lehrer abgeleckt.

Der Fall Fallstrick
Der Fallstrickleger war Walter. Die grünen Nuss-Schalen hätten seine Hände braun gefärbt.

Dicke Luft bei den Orgelpfeifen
Michis Bruder Klaus war es. Nur er musste den Sitz nach vorne schieben, weil er kleiner ist!

Horror im Hallenbad
Krimi-Frage 1: Die Tankuhr steht fast auf voll. Nach mehr als sieben Stunden Fahrt ist das unmöglich.
Krimi-Frage 2: Herr Lösmann war es. Er besitzt die anderen Schwimmbäder der Stadt und hatte Angst um sein Geschäft.

Der Frosch im Tresor
Ein D-Netz-Telefon funktioniert nicht im Keller in einem Tresor. Es kann durch die dicken Wände nicht funken!

Der Bund des Bösen
Dr. Plomberger. Er wusste, dass es sich um die vergangene Nacht handelte.

Maxi-Krimi: Der Fluch des Pharaos
Krimi-Frage 1: Ein Sarg, der tausende von Jahren verschlossen war, kann sich nicht geräuschlos öffnen.

Krimi-Frage 2: Im Sarkophag hat sich jemand in die Ausstellung schmuggeln lassen.

Krimi-Frage 3: Der Professor war es. Die Knickerbocker haben nicht erwähnt, dass die Mumie in seinem Sarkophag erwacht ist. Trotzdem wusste er es!

Der Rosenkiller
Die Stängel unter den Rosenköpfen waren vertrocknet und verknickt.

Dieb an Bord
Der Dieb ist Adolf Leidenfrost. Wenn das Schiff schwankt, ist es unmöglich, Briefe so zu schreiben.

Knack den Tresor 1
Die Zahl lautet 112.

Poppis Krimi-Tagebuch: Das leere Grab
Bei Herrn Magenschab. Frau Zicka hat einen Gips am Bein und kann nicht mit großen Schritten flüchten!

Schmuggelt Sandy?
Die Matrioschka-Puppen klapperten nicht. In ihrem Inneren steckten nicht die anderen Puppen, sondern Schmuggelgut.

Knack den Tresor 2
Die Zahl lautet 65.

Unglaubliche Briefe
Krimi-Frage 1: Wahr!!

Krimi-Frage 2: Wahr!

Krimi-Frage 3: Wahr!

Krimi-Frage 4: Gelogen! Mitternachtssonne gibt es im Sommer nur am Nordpol!

Krimi-Frage 5: Bambus ist kein Baum, sondern ein Gras! Das ist gelogen!

Krimi-Frage 6: Wahr!!!

Wo ist Bertram Notnagel?
Im Tank waren 8000 Liter. Es wurden aber nur 7600 abgefüllt. Bertram hat sich in einem Taucheranzug im Tank versteckt. Deshalb stand die Anzeige auf voll.

Knack den Tresor 3
Die Zahl lautet 3.

Schulfall Dominik: Anton, der Angeber
Um 600.000 Münzen zu zählen brauchst du mindestens 5 Tage und 5 Nächte.

Die Schönheitskatze
Die Frau sprach von einem fetten Mann. Die Abdrücke der Leiter waren aber nur flach.

Unternehmen Wüstenwurm
Eine Gruppe von Gaunern wollte den Bunker anbohren und das radioaktive Material aus dem unterirdischen Labor stehlen.

Bernhardiner mit Führerschein
Es handelt sich um ein Auto aus England! Der Hund saß auf dem Beifahrersitz, der sich in einem englischen Auto auf unserer Fahrerseite befindet.

Die Bikini-Party
Im aufgesteckten Haarknoten der Frau.

Ein Fußball wird entführt
Blaubeeren machen blaue Zähne. Trixi hatte weiße!

Es tanzen die Vampire
Bis Mitternacht waren alle Gäste maskiert: Niemand konnte daher beobachtet haben, wer wann ging und wiederkam.

Maxi-Krimi: Das versunkene Flugzeug
Der Bruder hat das Gold eingeschmolzen und Teile des Flugzeuges daraus formen lassen. Es wurde lackiert und so getarnt.

Gedächtnistest:
5 Minuten
Schwarzsee
Einen
Beide
Ein knarrendes Brett

Der Ameisen-Stampfer
Bei einer Notbremsung fällt man nach vorn.

Mini-Krimi: Flucht in den Nebel
Richtung Sauwand: Das Echo hat ihn verraten.

Die Glocke des Grauens
Vroni. Sie hat gelogen. Sie ist nicht bettlägerig. Im Kamin liegt frisches Holz.

Tennisterror
Er hat die Brille nicht vor zwei Wochen verloren. Dann wäre sie schmutziger gewesen.

Trainingsfall von Dominik: Wahr oder erfunden?
Geschichte Nr. 3, 1802 gab es noch keine Dampflokomotiven.

Heiße Klamotten
Wären tatsächlich Jacken und Hosen in der Halle gewesen, müssten auch Knöpfe und Reißverschlüsse in der Asche sein.

Schulfall Axel: Rache ist Nagellack
Erstens wurde die Farbe von oben geschüttet. Zweitens war es laut Beschreibung viel mehr als ein kleines Fläschchen.

Gefangen in der Wassergruft
Sie haben das Schlauchboot aufgeblasen und sind vom Wasser zur Deckenöffnung getragen worden.

Wenn der Werwolf heult
Nichte Kathy. Sie behauptet in Voralberg zu sein. Der Poststempel lautet aber Wien.

Der Clown mit der Kanone
Der Clown kann mit seinen dicken, wattierten Handschuhen nichts halten! Er hätte sie ausgezogen, wenn er es ernst gemeint hätte.

Auflösung von Seite 12:

Als die vier den Zeichenwettbewerb einer Lederhosenfirma gewannen und einander bei der Preisverleihung kennen lernten.

DIE KNICKERBOCKER-BANDEN-CHECKLISTE

KREUZE EINFACH DIE KNICKERBOCKER-BÄNDE AN, DIE SCHON IN DEINEM REGAL STEHEN.

- ❏ 1 Rätsel um das Schneemonster
- ❏ 2 Ein Ufo namens Amadeus
- ❏ 3 Lindwurmspuk vor Mitternacht
- ❏ 4 Wenn die Turmuhr 13 schlägt
- ❏ 5 Bodenseepiraten auf der Spur
- ❏ 6 Das Phantom der Schule
- ❏ 7 Die Tonne mit dem Totenkopf
- ❏ 8 Wo ist der Millionenstorch?
- ❏ 9 Treffpunkt Schauermühle
- ❏ 10 Der Fluch des Schwarzen Ritters
- ❏ 11 Die Nacht der Weißwurst-Vampire
- ❏ 12 Schokolade des Schreckens
- ❏ 13 Der Ruf des Gruselkuckucks
- ❏ 14 Jagd auf den Hafenhai
- ❏ 15 Das Zombie-Schwert des Sultans
- ❏ 16 SOS vom Geisterschiff
- ❏ 17 Die Rache der Roten Mumie
- ❏ 18 Kolumbus und die Killerkarpfen
- ❏ 19 Die Gruft des Barons Pizza
- ❏ 20 Insel der Ungeheuer
- ❏ 21 Frankensteins Wolkenkratzer

- ❏ 22 Der tätowierte Elefant
- ❏ 23 Die Drachen-Dschunke
- ❏ 24 Der weiße Gorilla
- ❏ 25 Der Grüne Glöckner
- ❏ 26 Im Dschungel verschollen
- ❏ 27 Im Tal der Donnerechsen
- ❏ 28 Titanic, bitte melden!
- ❏ 29 Der Eiskalte Troll
- ❏ 30 Im Reich des Geisterzaren
- ❏ 31 Der Bumerang des Bösen
- ❏ 32 Kennwort Giftkralle
- ❏ 33 Das Riff der Teufelsrochen
- ❏ 34 Das Geheimnis der gelben Kapuzen
- ❏ 35 Der Geisterreiter
- ❏ 36 Im Wald der Werwölfe
- ❏ 37 Die giftgelbe Geige
- ❏ 38 Das Haus der Höllensalamander
- ❏ 39 Das Biest im Moor
- ❏ 40 Die Maske mit glühenden Augen
- ❏ 41 Die Hand aus der Tiefe
- ❏ 42 13 blaue Katzen
- ❏ 43 Die Rote Mumie kehrt zurück
- ❏ 44 Die Höhle der Säbelzahntiger
- ❏ 45 Der Mann ohne Gesicht
- ❏ 46 Hinter der verbotenen Tür
- ❏ 47 Das Phantom der Schule spukt weiter
- ❏ 48 Der unsichtbare Spieler
- ❏ 49 Es kam aus dem Eis
- ❏ 50 Der Schrei der goldenen Schlange
- ❏ 51 Der Schatz der letzten Drachen
- ❏ 52 Das Wesen aus der Teufelsschlucht
- ❏ 53 Das Diamantengesicht
- ❏ 54 Das Gold des Grafen Drakul
- ❏ 55 Der Taucher mit den Schlangenaugen
- ❏ 56 Das Geheimnis des Herrn Halloween
- ❏ 57 Das Internat der Geister
- ❏ 58 Der Computer-Dämon
- ❏ 59 Der Turm des Hexers
- ❏ 60 Das Amulett des Superstars

In einer scheinbar ganz normalen
Stadt leben die Freundinnen Vanessa, Bix und Krissi.
Keiner ahnt etwas von ihrem großen Geheimnis hinter der lila Tür im
Keller des Rathauses ... Damit das so bleibt, senden sich die drei geheime
Briefe, die nur mit dem beigelegten Decoder entschlüsselt werden können.

Thomas Brezina
Die Mitternachts-Party
Band 1
Vanessa, Bix und Krissi machen
mit ihrer Klasse einen Ausflug ins
Stadtmuseum. Dort geschieht etwas,
das ihr ganzes Leben verändert.
Sie bekommen einen wichtigen,
ganz geheimen Auftrag ...
ISBN 3-473-**47401**-0

Thomas Brezina
Der unheimliche Verehrer
Band 2
Bix hat Sorgen. Ein Herr Kuhtreiber
scheint ihre Mutter zu verehren. Wird
er vielleicht sogar ihr neuer Vater?
Bald findet Bix heraus, wer Herr
Kuhtreiber in Wirklichkeit ist ...
ISBN 3-473-**47404**-5

Unser Geheimnis

Thomas Brezina
Der Schönheits-Zauber
Band 3
Krissi ist mit ihrem Aussehen nicht zufrieden. Der „Schönheits-Zauber" soll aus ihr und ihren Freundinnen die schönsten Mädchen der Stadt machen. Aber die drei erleben eine böse Überraschung ...
ISBN 3-473-**47403**-7

Thomas Brezina
Ein Monster namens kleine Schwester
Band 4
Vanessas kleine Schwester Wanda ist eine Nervensäge. Am liebsten würde Vanessa sie in ein Stinktier verwandeln. Da geraten die drei Freundinnen an ein seltsames Pulver, das Unfassbares bewirkt.
ISBN 3-473-**47402**-9

... und 13 weitere Bände!

Gute Idee.

Ravensburger

Bibliografische Information Der Deutschen Bibliothek

Die Deutsche Bibliothek verzeichnet diese Publikation
in der Deutschen Nationalbibliografie;
detaillierte bibliografische Daten sind im Internet über
http://dnb.ddb.de abrufbar.

Erstmals erschienen 1992
bei hpt Verlagsgesellschaft & Co. KG, Wien

Die Schreibweise entspricht den Regeln
der neuen Rechtschreibung.

1 2 3   06 05 04

© 2004 Ravensburger Buchverlag Otto Maier GmbH

Umschlagillustration: Jan Birck
Umschlagfotografie: Martin Vukovits

Printed in Austria

ISBN 3-473-47134-8

www.ravensburger.de
www.thomasbrezina.com